SCILAB PARA CIÊNCIAS EXATAS:

Uma Introdução Prática e Dirigida

Danusio Guimarães

SOBRE O AUTOR

Danusio Guimarães é Engenheiro Mecânico formado pela Universidade Federal do Ceará e Especialista em Eletricidade e Instrumentos Aeronáuticos pela Escola de Especialistas de Aeronáutica, além de ter MBA em Gestão de Projetos. Trabalha atualmente com preparação e lançamento de foguetes no Centro de Lançamento de Alcântara. Tem mais de 10 anos de experiência com o Scilab, tendo escrito uma apostila gratuita de Scilab na versão 5 amplamente divulgada na web.

SUMÁRIO

1 APRESENTAÇÃO DO SCILAB 6 E OPERAÇÕES BÁSICAS

É problema recorrente de estudantes de engenharia e cursos afins a quantidade e a complexidade dos cálculos necessários nas diversas disciplinas estudadas. Em Termodinâmica, por exemplo, o número de interpolações lineares feitas para cada problema conduz, com frequência, a erros no resultado final.

Naturalmente, quando se trabalha com Ciência Aplicada, os cálculos são feitos por *softwares* específicos, que blindam sua análise dos erros de cálculo. Entretanto, estes softwares são, via de regra, proprietários e aplicáveis a um nicho determinado somente. Como proceder quando se deseja realizar uma análise estatística para um Trabalho de Conclusão de Curso, ou se está pesquisando uma área para a qual não foi desenvolvido um programa específico?

1.1 Apresentação do Ambiente Scilab

O Scilab é um software livre destinado a aplicações em Ciências Exatas. Para quem tem familiaridade, é uma versão *open source* do MatLab. O Scilab é uma IDE com linguagem própria, bem similar à linguagem Matlab.

A versão 6.0.1 (que será usada neste livro) pode ser baixada em: https://www.scilab.org/en/download/6.0.1. Escolha a versão de seu sistema operacional, execute o instalador e siga os passos (a instalação é bastante intuitiva). Após instalado, abra o Scilab e você verá a tela inicial, contendo, dentre outros, o *prompt* **de comando**:

No *prompt*, é possível executar todos os comandos da linguagem, mas sem a possibilidade de edição após a execução (que se dá após pressionar *Enter*). Para exemplificar, observe o exemplo abaixo. Serão exibidas duas das operações básicas do ambiente: a **atribuição** e a **soma**:

```
--> x = 10;

--> x + 3


  ans =


  13.
```

Observe que a **atribuição** é feita por meio do sinal "$=$" . Isso significa que estamos alocando um valor (no caso, 10) na variável `x`. Diferentemente de outras linguagens interpretadas, não há a necessidade de declarar o tipo de `x` previamente; isso é feito de forma simultânea à atribuição.

Outro fato relevante é a presença do ponto-e-vírgula na primeira linha: no *prompt*, isso indica que o resultado da linha de comando NÃO deve ser exibido; a ausência do "*;*" na segunda linha faz com que o resultado seja exibido na tela, antecedido de `ans =`.

1.2 Operações Básicas com Escalares

Os principais tipos de dados escalares no Scilab são: *constante* (que pode ser um número inteiro, real ou complexo), *polinomial*, *booleano* e *string*. Esses e outros tipos serão abordados adiante; o importante para agora é saber que qualquer desses poderá ser atribuído a uma variável. As operações básicas com números estão na tabela abaixo:

SÍMBOLO	SIGNIFICADO
+	soma
–	subtração
*	multiplicação
/ ou \	divisão (a/b é o mesmo que $b\backslash a$)
^	potenciação (a^b = a^b)
modulo(a,b)	resto da divisão de a por b

As regras de prioridade são as mesmas da aritmética, inclusive no que concerne ao uso de parênteses:

```
--> (2+3*5)/(2^3-4)
```

```
ans  =


    4.25
```

O tipo *polinomial* é definido pelas constantes especiais **%s** ou **%z**; a propósito, o símbolo "%" é geralmente associado a uma constante especial do Scilab. Essas duas variáveis servem para representar um polinômio de grau *n* da forma:

$$P(x) \ = \ \sum_{1}^{n+1} c_i \cdot x^{i-1}$$

Tal representação pode ser feita tanto de forma direta, usando as constantes especiais, quanto pela atribuição a uma variável de apoio:

```
-->  P  =  2*%s^2-3*%s+5

   P  =


      5  -  3s  +  2s²


-->  x  =  %z;
```

```
--> P = 2*x^2-3*x+5

P =
```

$$5 - 3z + 2z^2$$

Com a apresentação de funções específicas para polinômios adiante neste livro, sua utilidade ficará mais clara.

Todas as operações aritméticas são válidas para polinômios, inclusive `modulo`, mas há que se destacar uma restrição à potenciação: o Scilab não aceita uma operação p^q, sendo p e q polinômios, já que o resultado não será um polinômio.

As variáveis *booleanas* ou *lógicas* são aquelas em que há um valor lógico: `%T` ou `%F`, representando, respectivamente, *verdadeiro* e *falso*. Os operadores aritméticos apresentados podem ser aplicados às variáveis booleanas nos seguintes termos (considere *x* e *y* duas variáveis booleanas):

a) `x+y` equivale a *x OU y*: `x | y` (barra vertical), na sintaxe do Scilab

b) `x*y` equivale a *x E y*: `x & y`, na sintaxe do Scilab

c) `x/y` equivale a uma divisão envolvendo os número 0 e 1, dependendo de ser *falso* ou *verdadeiro* o valor alocado na variável, respectivamente (p. ex., se *x* é *falso* e *y* é *falso*, o resultado será *Nan*, uma abreviação de *not a number*).

d) `x-y` equivale a *x OU ~y*: `x  |  ~y`, na sintaxe do Scilab

e) potenciação e resto de divisão não têm sentido lógico.

As *strings* ou *texto* são definidas pelos operadores *aspas simples* ou *aspas duplas*. O único operador aritmético aceito é o de soma, que executa a operação de **concatenação** de strings:

```
--> a = "livro";

--> b = "de";

--> c = "Scilab";

--> a+b+c

 ans =


      livrodeScilab


--> a+" "+b+" "+c

ans =
```

Note que o uso de " " (espaço entre aspas) introduz espaço em branco na concatenação.

A opção de digitar linhas de comando no *prompt* só é útil em algumas situações específicas durante a atividade de programação. O mais comum é escrever o código num editor de texto; sendo uma IDE, o Scilab tem seu próprio editor, o **SciNotes**, que pode ser acessado pelo menu **Aplicativos → SciNotes** ou pela digitação de editor() no *prompt* inicial. O editor é bastante similar ao Notepad, acrescidas funcionalidades específicas de programação. Para ambientar-se ao SciNotes, vamos escrever um programa que calcule o volume (em mm³) de uma esfera de raio 2 polegadas:

```scilab
clc
clear
close

raio_pol = 2 // atribuição do raio, em polegadas
raio_mm = raio_pol*25.4 // conversão para milímetros
volume = 4/3 * %pi * raio_mm^3 // cálculo do volume

//Exibição dos resultados no prompt
disp("Raio da esfera, em polegadas: ")
disp(raio_pol)
disp("Volume da esfera, em mm': ")
disp(volume)
```

Vamos analisar esse código, que você deverá digitar no SciNotes: o primeiro ponto a se notar é que não há a necessidade de usar "`;`" no final de cada linha para indicar o encerramento do comando, a própria mudança de linha já indica o fim do comando.

As primeiras três linhas consistem em uma boa prática de programação no Scilab: `clc` limpa o *prompt*, facilitando a visualização dos resultados; `clear` apaga todas as variáveis definidas pelo usuário e armazenadas na memória, evitando que o código trabalhe com valores preexistentes; e `close` fecha as janelas de gráfico abertas, facilitando a visualização dos gráficos gerados pelo código.

Depois da atribuição da variável `raio_pol` (perceba que o caractere "`_`" é aceito no nome de uma variável; números também o são, desde que não sejam o primeiro caractere do nome), vemos o símbolo "`//`", que indica um **comentário** do código, uma linha que não será executada pelo compilador, servindo apenas para melhorar a legibilidade do código.

Há também a constante especial `%pi`, que, naturalmente, vale 3.141592653..., presente na fórmula de cálculo do volume da esfera. Por fim, temos o comando `disp`, que é a forma mais simples de exibir algo no *prompt*. Após escrever o código no seu SciNote, pressione **F5** para salvar e executar o programa, e observe o resultado na tela inicial do Scilab.

1.3 Constantes Especiais e Funções Elementares

A tabela abaixo apresenta todas as constantes especiais aceitas pelo Scilab. Vale notar que a linguagem é **sensível à caixa**, de sorte que, caso não sejam respeitadas as letras maiúsculas e minúsculas, haverá erro no seu código:

CONSTANTE	SIGNIFICADO
`SCI, WSCI`	caminho raiz do Scilab
`SCIHOME`	caminho para preferências e arquivos históricos gerados na sessão corrente
`TMPDIR`	caminho para diretório temporário
`home`	diretório do usuário
`%e`	constante de Euler
`%eps`	zero de máquina, precisão usada nos cálculos

`%f, %F`	falso lógico
`%i`	$\sqrt{-1}$
`%inf`	infinito
`%nan`	*not-a-number*
`%pi`	π
`%s`	definidor de polinômio
`%t, %T`	verdadeiro lógico
`%z`	definidor de polinômio

Sendo voltado para aplicações científicas, o Scilab conta com uma série de **funções** já existentes na instalação do programa. As funções elementares que serão abordadas neste primeiro momento serão as de **manipulação de números complexos**, **exponenciais** e **trigonométricas**.

FUNÇÃO PARA NÚMEROS COMPLEXOS	DESCRIÇÃO	USO

complex	Cria um número complexo	complex(parte_real,parte_complexa)
conj	matriz complexa conjugada	conj(C)
imag	parte imaginária dos números complexos	imag(C)
imult	multiplicação pela parte imaginária i	imult(x)
isreal	verifica se uma variável é armazenada como real ou complexa.	isreal(x)
real	parte real dos números complexos	real(C)

FUNÇÃO PARA EXPONENCIAÇÃO	DESCRIÇÃO	USO
exp	exponencial em relação aos elementos	exp(x)
expm	exponencial de matriz quadrada (matriz exponencial)	expm(M)

log	logaritmo natural	`log(x)`
`log10`	logaritmo na base 10	`log10(x)`
`log1p`	computa, com precisão, o logaritmo natural de seu argumento acrescido de uma unidade < `log1p(x) = log(x+1)` >	`log1p(x)`
`log2`	logaritmo na base 2	`log2(x)`
`logm`	logaritmo de matriz quadrada (matriz logaritmo)	`logm(M)`
`nthroot`	n-ésima raiz de um número real	`nthroot(x,n)`
`polar`	forma polar de A, $A = \rho \cdot e^{\theta i}$	`[ro,theta] = polar(A)`
`sqrt`	raiz quadrada	`sqrt(x)`
`sqrtm`	raiz quadrada da matriz (matriz raiz quadrada)	`sqrtm(M)`

FUNÇÃO TRIGONOMÉTRICA*	DESCRIÇÃO
acos	arco-cosseno em relação aos elementos
acosd	arco-cosseno elemento a elemento com resultado em graus
acosh	arco-cosseno hiperbólico
acoshm	arco-cosseno hiperbólico da matriz (matriz arco-cosseno hiperbólico)
acosm	arco-coseno da matriz (matriz arco-cosseno)
acot	computa o arco-cotangente elemento a elemento do argumento
acotd	computa o arco-cotangente elemento a elemento do argumento com, resultado em graus
acoth	arco-cotangente hiperbólico elemento a elemento
acsc	computa o arco-cossecante elemento a elemento do argumento

`acscd`	computa o arco-cossecante elemento a elemento do argumento com resutado em graus
`acsch`	computa o arco-cossecante hiperbólico elemento a elemento do argumento
`asec`	computa o arco-secante elemento a elemento do argumento
`asecd`	computa o arco-secante elemento a elemento do argumento com resultados em graus
`asech`	computa o arco-secante hiperbólico elemento a elemento do argumento
`asin`	arco-seno
`asind`	arco-seno, resultado em graus
`asinh`	arco-seno hiperbólico
`asinhm`	arco-seno hiperbólico da matriz (matriz arco-seno hiperbólico)
`asinm`	arco-seno da matriz (matriz arco-seno)

`atan`	arco-tangente 2-quadrantes e 4-quadrantes
`atand`	arcos-tangentes 2-quadrantes e 4-quadrantes elemento a elemento do argumento com resultados em graus
`atanh`	arco-tangente hiperbólico
`atanhm`	Arco-tangente hiperbólico da matriz (matriz arco-tangente hiperbólico)
`atanm`	arco-tangente da matriz quadrada (matriz arco-tangente)
`cos`	função co-seno
`cosd`	função co-seno elemento a elemento, argumento dado em graus
`cosh`	co-seno hiperbólico
`coshm`	co-seno hiperbólico da matriz (matriz co-seno hiperbólico)
`cosm`	co-seno da matriz (matriz co-seno)
`cotd`	cotangent elemento a elemento do argumento dado em graus

cotg	cotangente
coth	cotangente hiperbólica
cothm	cotangente hiperbólica da matriz (matriz cotangente hiperbólica)
csc	computa a cossecante do argumento elemento a elemento
cscd	computa a cossecante elemento a elemento do argumento em graus
csch	computa a cossecante hipertbólica do argumento elemento a elemento
csgn	returns the sign of a vector of real of complex values
sec	computa a secante elemento a elemento do argumento.
secd	computa a secante elemento a elemento do argumento em graus
sech	computa a secante hiperbólica do argumento elemento a elemento
sin	função seno

sinc	função sinc (seno cardinal)
sind	função seno, argumento em graus
sinh	seno hiperbólico
sinhm	seno hiperbólico da matriz (matriz seno hiperbólico)
sinm	matriz seno
tan	tangente
tand	tangente com o argumento em graus
tanh	tangente hiperbólica
tanhm	tangente hiperbólica da matriz (matriz tangente hiperbólica)
tanm	tangente da matriz (matriz tangente)

*Todas as funções trigonométricas são aplicadas na forma `funcao(x)`.

A maioria das funções nas três tabelas anteriores pode ser aplicada em matrizes; esse ente será detalhado em capítulo específico. Por ora, atente que as funções são aplicadas na forma *[argumentos_de_saída] = nome_da_função(argumentos_de_entrada)*. Caso a função tenha mais de um argumento de saída, mas o usuário não declare isso na linha de código, apenas o primeiro argumento será processado:

```
//Função  myFunc,  definida  como  [out1,out2]  =
myFunc(inp1)


disp(myFunc(3)) //Apenas out1 será exibido


[x,y] = myFunc(3) //Agora é possível avaliar as duas
saídas
```

Por fim, um recurso extra pode ajudar bastante o usuário caso surjam dúvidas quanto ao uso de alguma função: ao digitar `help(nome_da_função)` no *prompt*, a janela de ajuda do Scilab será aberta, com a documentação correspondente ao termo digitado. O comando `help()` isoladamente abre toda a documentação de ajuda disponível.

1.4 Resumo do Capítulo

O Scilab é uma plataforma desenvolvida para auxiliar em cálculos e procedimentos científicos. Funciona tanto como uma poderosa calculadora, quando utilizado o *prompt* de comando, quanto como um ambiente de avaliação de algoritmos, quando se programa no SciNotes.

Já estão pré-carregadas no Scilab diversas bibliotecas com funções trigonométricas, algébricas, aritméticas, etc., para serem usadas diretamente pelo usuário. Todas as bibliotecas disponíveis podem ser acessadas por meio do *help* do ambiente.

2 VETORES, MATRIZES E CONTROLE DE FLUXO

Álgebra Linear é um divisor de águas no estudo de Ciência em nível superior: nela se aprende que, na verdade, o elemento mínimo da Álgebra não é o escalar, mas sim o vetor, e que este, mesmo sem um conceito físico equivalente, pode ter quantas dimensões se queira.

No Scilab, todos os objetos podem ser tratados como um tipo de matriz (lembrando que vetores são matrizes bidimensionais com um das dimensões iguais à unidade). Portanto, é primordial para o aprendizado do Scilab que se consiga pensar, enquanto programador, de uma forma matricial.

Outra ferramenta que deve ser dominada é, sem dúvida, as funções de controle de fluxo. Elas permitem automatizar tarefas dentro da rotina e economizar muitas linhas, além de tornar o código imune a erros.

2.1 Operações com Vetores e Matrizes

Os vetores são a unidade básica de trabalho do Scilab. No âmbito da linguagem, um vetor é definido como uma coleção de n objetos **do mesmo tipo**, com uma única linha ou coluna:

$$v = [e_1, e_2, ..., e_n] = \{v\}_{1 \times n} \text{ ou } v = [e_1; e_2; ...; e_n] = \{v\}_{n \times 1}$$

Conforme se pode deduzir da notação acima, um **vetor-linha** é definido por seus elementos separados por vírgula (a linguagem também aceita espaços no lugar das vírgulas) e entre colchetes, ao passo que um **vetor-coluna** tem seus elementos separados por ponto-e-vírgula.

Um elemento pode ser acessado pela sintaxe `nome_do_vetor(posição_do_elemento)`. O último elemento tem a forma especial de ser acessado `nome_do_vetor($)`, o que é interessante quando não se sabe o tamanho do vetor ou se quer deixar o código mais ágil. Alternativamente, pode-se usar a sintaxe definindo a linha ou coluna como *1*: `nome_do_vetor(1,posição_do_elemento)`, caso saiba tratar-se de um vetor linha, ou `nome_do_vetor(posição_do_elemento,1)`, no caso do vetor coluna.

É bastante comum querer-se acessar diversas posições simultaneamente, como, p. ex., todos os elementos maiores que um determinado valor. O código a seguir retorna todos os elementos entre 0,5 e 0,7 do vetor *x*:

```
x = [.3 .15 .62 .89 .55 .43 .67 .91]
disp(x,"Vetor x: ")
```

```
disp(x([x>=0.5 & x<=0.7]),"Elementos entre 0.5 e 0.7, inclusive:
")
```

```
Vetor x:

   0.3    0.15    0.62    0.89    0.55    0.43    0.67    0.91


 Elementos entre 0.5 e 0.7, inclusive:


   0.62    0.55    0.67
```

Perceba que `[x>=0.5 & x<=0.7]` é um vetor lógico que, quando passado como argumento para o acesso à *x*, retorna todos os elementos cujos índices correspondentes são *verdadeiro*. A expressão x([3 5 7]) digitada no *prompt* exibiria os mesmos números, mostrando que mais um forma de acesso aos elementos de um vetor é pela indicação direta das posições destes elementos por meio de um *vetor de índices.*

No que tange às operações com vetores, há que se distinguir dois tipos: as operações vetoriais, conforme definidas na Álgebra Linear, e as operações **elemento a elemento**. Estas últimas podem ser definidas como múltiplas operações simultâneas entre os elementos do vetor. Dessa forma, nas operações elemento a elemento entre vetores, é forçoso que os vetores envolvidos tenham a mesma dimensão. O código a seguir ilustra todas as operações vetoriais clássicas:

```
clc
clear
close

x1_linha = [1 2 3]
y1_linha = [-2 0.5 1/3]

x1_col = [1;2;3]
y1_col = [-2;0.5;1/3]

disp("Vetores: ")
disp(x1_linha);disp(x1_col)
disp(y1_linha);disp(y1_col)
disp("Soma em linha: ");disp(x1_linha+y1_linha)
disp("Soma em coluna: ");disp(x1_col+y1_col)
disp("Multiplicação linha por coluna: ");disp(x1_linha*y1_col)
disp("Multiplicação coluna por linha: ");disp(x1_col*y1_linha)
```

```
    Vetores:


       1.   2.   3.



       1.

       2.

       3.
```

```
-2.   0.5   0.3333333


-2.

 0.5

 0.3333333


Soma em linha:


-1.   2.5   3.3333333


Soma em coluna:


-1.

 2.5

 3.3333333


Multiplicação linha por coluna:


 0.


Multiplicação coluna por linha:


-2.   0.5   0.3333333
```

```
-4.    1.    0.6666667

-6.    1.5   1.
```

Embora não seja prevista na Álgebra Linear, o Scilab interpreta as operações *divisão à esquerda* e *divisão à direita* nos seguintes termos:

$$[A]_{1 \times n} \backslash [B]_{1 \times n} = [C]_{n \times n} \ \Rightarrow \ A \cdot C = B$$

$$[A]_{n \times 1} \backslash [B]_{n \times 1} = [C]_{1 \times 1} \ \Rightarrow \ A \cdot C = B$$

$$[A]_{1 \times n} / [B]_{1 \times n} = [C]_{1 \times 1} \ \Rightarrow \ C \cdot B = A$$

$$[A]_{n \times 1} / [B]_{n \times 1} = [C]_{n \times n} \ \Rightarrow \ C \cdot B = A$$

A principal característica das operações elemento a elemento é a presença de um ponto antes dos operadores "*", "/", "\" e "^". A soma e a subtração, naturalmente, não têm essa exigência, já que as duas são, por definição, elemento a elemento. O código a seguir ilustra o uso de ".*", "./", ".\" e ".^":

```
clc
clear
close

x1_linha = [1 2 3]
y1_linha = [-2 .5 1/3]
```

```
x1_col = [1;2;3]
y1_col = [-2;.5;1/3]

disp("Vetores: ")
disp(x1_linha);disp(x1_col)
disp(y1_linha);disp(y1_col)
disp("Multiplicação: ");disp(x1_linha.*y1_linha)
disp("Divisão à direita: ");disp(x1_col./y1_col)
disp("Divisão à esquerda: ");disp(x1_linha.\y1_linha)

disp("Potenciação: ");disp(x1_col.^-0.35)
```

```
   Vetores:


     1.   2.   3.



     1.

     2.

     3.



    -2.   0.5   0.3333333



    -2.

     0.5

     0.3333333


   Multiplicação:
```

```
-2.   1.   1.
```

Divisão à direita:

```
-0.5

 4.

 9.
```

Divisão à esquerda:

```
-2.   0.25   0.1111111
```

Potenciação:

```
1.

0.7845841

0.6807812
```

Tal como para os escalares, existem diversas funções internas do Scilab para aplicações em vetores. Neste primeiro momento, as mais úteis são:

FUNÇÃO	DESCRIÇÃO	USO
abs	valor absoluto (sem sinal) dos elementos do vetor	abs(v)
cross	produto vetorial entre dois vetores de dimensão 1 x 3	cross(v,w)
cumprod	produto cumulativo dos elementos do vetor	cumprod(v)
cumsum	soma cumulativa dos elementos do vetor	cumsum(v)
max	maior valor pertencente ao vetor	[valor,posição]= max(v)
min	menor valor pertencente ao vetor	[valor,posição]= min(v)
norm	norma (magnitude) do vetor	norm(v)
prod	produto dos elementos do vetor	prod(v)
sum	soma dos elementos do vetor	sum(v)

Via de regra, as funções mostradas para vetores funcionam para escalares e vice-versa (uma exceção é, por exemplo, a função `cross`).

Por fim, matrizes podem ser consideradas uma concatenação de vetores, horizontal ou verticalmente:

$$[M]_{m \times n} = \bigcup_{i=1}^{m} [v_i]_{1 \times n} \ \text{ou} \ [M]_{m \times n} = \bigcup_{i=1}^{n} [v_i]_{m \times 1}$$

No Scilab, há duas formas principais de gerar uma matriz: a primeira é, diretamente entre colchetes, digitar elemento por elemento. Para uma matriz $[A]_{m \times n}$, o comando seria `A = [a11 a12 ... a1n;a21 a22 ... a2n; ... ;am1 am2 ... amn]`. A segunda forma é executar a operação de **concatenação**, extremamente comum na programação em Scilab. Suponha que se queira montar a matriz:

$$M = \begin{bmatrix} 1 & 2 & 3 \\ 4 & 5 & 6 \\ 7 & 8 & 9 \end{bmatrix}$$

O código a seguir mostra três formas de construir M:

```
//Inserção direta dos elementos
M = [1 2 3;4 5 6; 7 8 9]
//Concatenação das colunas
```

```
c1 = [1;4;7]
c2 = [2;5;8]
c3 = [3;6;9]
M = [c1 c2 c3]
//Concatenação das linhas
L1 = [1 2 3]
L2 = [4 5 6]
L3 = [7 8 9]
M = [L1;L2;L3]
```

Uma dica prática para não executar operações erradas de concatenação é enxergar o ponto-e-vírgula como uma simples mudança de linha.

O acesso aos elementos é feito de forma similar à dos vetores, mas agora são necessários dois índices para identificar o elemento. Os índices podem ser booleanos ou inteiros; digite M([%T %F %T],[%F %T %F]) no *prompt*, para uma matriz M qualquer 3 x 3. Em seguida, digite M([1 3],2) para o mesmo resultado.

O ambiente conta com funções específicas para matrizes que, dentro de certas limitações, aplicam-se a vetores e escalares também:

FUNÇÃO	DESCRIÇÃO	USO
diag	inclusão ou extração da diagonal principal de uma matriz M (ou a k-ésima diagonal se o segundo argumento k é	diag(M,k)

	especificado)	
`[]`	inicialização de uma matriz vazia*	`x = []`
`eye`	matriz identidade	`eye(m,n)**`
`linspace`	gera `N` números linearmente espaçados entre `a` e `b`	`linspace(a,b,N)`
`logspace`	gera `N` números com espaçamento logarítmico entre `a` e `b`	`logspace(a,b,N)`
`ones`	matriz `m x n` com todos os elementos iguais a 1	`ones(m,n)`
`rand`	gerador de uma matriz aleatória `m x n`, do tipo *normal* ou *uniforme* (se não for especificado, será considerada a distribuição uniforme)	`rand(m,n,"tipo")`
`zeros`	matriz `m x n` com todos os elementos iguais a 0	`zeros(m,n)`

*Útil para inicialização de matrizes cuja dimensão varia ao longo da execução do código, frequentemente em laços de controle de fluxo.

**Se $m \neq n$, será retornada uma matriz identidade tradicional (quadrada, com dimensão igual ao menor entre (m,n)) concatenada com uma linha (se m >n) ou uma coluna (se m<n) de zeros.*

Um objeto muito útil no Scilab é a *hipermatriz*. Trata-se de diversas matrizes bidimensionais agrupadas na mesma variável. Para facilitar a visualização desse objeto, digite o seguinte comando no *prompt*:

```
--> hypM = ones(2,3,4)
```

O resultado é:

```
hypM   =

(:,:,1)

    1.    1.    1.
    1.    1.    1.
(:,:,2)

    1.    1.    1.
    1.    1.    1.
```

```
(:,:,3)
```

```
   1.   1.   1.

   1.   1.   1.
```
```
(:,:,4)
```

```
   1.   1.   1.

   1.   1.   1.
```

O código `(2,3,4)` ao lado de uma função geradora de matrizes retorna 4 matrizes de dimensões 2 x 3 agrupadas, como se fossem várias camadas de matrizes bidimensionais. O comando `zeros(2,3,4,5)`, por exemplo, retorna 5 hipermatrizes, cada qual com 4 matrizes de zeros com dimensões 2 x 3. Pode-se acrescentar tantos índices de hipermatriz quanto se fizer necessário.

Uma funcionalidade útil do trabalho com vetores é interpretar um vetor como um conjunto, com o qual se pode operar as três operações fundamentais com conjuntos: *união* (`union`), *interseção* (`intersect`) e *diferença* (`setdiff`). Adicionalmente, pode-se operar a *comparação de igualdade* entre vetores (`isequal`) e a *extração de valores únicos* (`unique`). No código abaixo, é possível visualizar as operações citadas:

```
conj1 = [1 4 9 16]
conj2 = [1 3 5 3 7 9]
conj3 = [1 4 9 16 25]

disp("Conjunto 1: ")
disp(conj1)
disp("Conjunto 2: ")
disp(conj2)
disp("Conjunto 3: ")
disp(conj3)

disp("União 1 e 2: ")
disp(union(conj1,conj2))

disp("Interseção 1 e 2: ")
disp(intersect(conj1,conj2))

disp("Diferença 1 e 3: ")
disp(setdiff(conj1,conj3))

disp("Diferença 3 e 1: ")
disp(setdiff(conj3,conj1))

disp("Comparação de Igualdade: ")
disp(isequal(conj1,[1 2 3 4].^2))

disp("Valores únicos 2: ")
disp(unique(conj2))
```

```
Conjunto 1:


    1.    4.    9.    16.
```

Conjunto 2:

1. 3. 5. 3. 7. 9.

Conjunto 3:

1. 4. 9. 16. 25.

União 1 e 2:

1. 3. 4. 5. 7. 9. 16.

Interseção 1 e 2:

1. 9.

Diferença 1 e 3:

[]

Diferença 3 e 1:

```
25.
```

Comparação de Igualdade:

```
 T
```

Valores únicos 2:

```
1.   3.   5.   7.   9
```

Vale recordar que, $A \subseteq B \Leftrightarrow A - B = \oslash$, motivo pelo qual aparece a matriz vazia `[]` na diferença entre os conjuntos 1 e 3.

Finalmente, duas outras funções são muito comumente usadas no Scilab: `size`, que extrai as dimensões da matriz, e `length`, que retorna o número de elementos da matriz. Por exemplo, uma matriz $[M]_{m \times n \times k}$ tem `size` igual a `[m n k]` e `length` igual ao produto `m x n x k`.

2.2 Controle de Fluxo Básico

Imagine o seguinte problema: você precisa de uma matriz cujos elementos *(i,j)* são tais que, se *i = j*, o valor é zero; se não, o valor é o menor dentre *i* e *j* dividido pelo maior dentre *i* e *j*. A maneira mais prática de popular essa matriz é usando dois comandos de fluxo bastante comuns, o *for* e o *if*.

A sintaxe de `for` pode ser lida como *PARA* <u>contador</u> *variando entre os elementos de um* <u>vetor</u>, *execute...*:

```
for i = vec
    ...
end
```

Os delimitadores da função são as palavras-chaves `for` e `end`. Para o `if`, a leitura é *SE* <u>condição lógica</u> *for verdadeira, execute...*:

```
if (...) then
    ...
end
```

A palavra-chave `then` é opcional, mas aparece se o completamento automático do SciNotes estiver habilitado. `if` tem dois comandos adicionais em sua sintaxe, `elseif` (*senão, se*) e `else` (*senão*), que adicionam outras condições caso a condição principal não seja satisfeita. Caso haja mais de uma condição lógica, o laço sempre deve ser fechado com `else`:

```
if (3>3) then
    disp("maior")
elseif (3<3)
    disp("menor")
else
    disp("igual")
end
```

Será exibida a palavra *igual*. A leitura do bloco acima é *SE 3 é maior que 3, ENTÃO exiba "maior", SENÃO, SE 3 < 3, exiba "menor", SENÃO, exiba "igual"*. Voltando para o problema do início da seção, uma solução poderia ser:

```
d = [4 5] // dimensão da matriz

for i = 1:d(1)
    for j = 1:d(2)
        if (i==j)
            M(i,j) = 0
        else
            M(i,j)=min(i,j)/max(i,j)
        end
    end
end
```

O terceiro comando de controle de fluxo básico é o while: no lugar de estabelecer um número fixo de iterações, como o for faz, esta função executa os comandos dentro do bloco até que uma determinada *condição de parada* seja satisfeita. A leitura do código a seguir é ENQUANTO <u>condição</u> *for verdadeira, execute...*:

```
while (...)
    ...
end
```

Caso a condição não alterne de *verdadeiro* para *falso*, o código entrará em *loop infinito* e a execução deverá ser abortada.

EXERCÍCIO 2.1

Implemente o Método da Posição Falsa para encontrar uma raiz real de $y = x^3 - sen(x) + 1$.

SOLUÇÃO

Equação do Método:

$x = \dfrac{a.|f(a)| + b.|f(b)|}{|f(a)| + |f(b)|}$, onde *a* e *b* são abscissas cujas imagens têm sinais opostos e *x* é o valor a ser iterado até a solução.

Código:

```
// Parte I: Intervalo de mudança de sinal

a=-2 // Ponto inicial para encontrar a mudança de sinal
x0=a // Variável para guardar o valor do ponto inicial, usada na
mensagem de erro
passo=.05 // Quanto menor o passo, menos iterações para a
solução na parte II
disp(passo,"Passo de busca da mudança de sinal: ")
msm_Sin=%T
N_it = 0
while msm_Sin & N_it<1000
    b=a+passo
    fa=a^3-sin(a)+1
    fb=b^3-sin(b)+1
    msm_Sin=sign(fa)==sign(fb)
    a=b
    N_it=N_it+1
end
a=b-passo


// Parte II: Posição Falsa
if N_it<1000 then
    e=1e-4
    disp(e,"Precisão da resposta: ")
    fx=1
    N_it = 0
    while abs(fx)>e & N_it<1000
        x=(a*abs(fa)+b*abs(fb))/(abs(fa)+abs(fb))
        fx = x^3-sin(x)+1
        if sign(fx)==sign(a)
            a=x
        else
            b=x
        end
```

```
        fa=a^3-sin(a)+1
        fb=b^3-sin(b)+1
        N_it=N_it+1
    end
    disp(N_it,"Número de iterações realizadas: ")
    disp(x,"Raiz encontrada: ",fx,"Valor do zero: ")
else
    disp("Sem mudança de sinal a partir do ponto especificado: a
= "+string(x0))
end
```

Passo de busca da mudança de sinal:

   0.05

  Precisão da resposta:

   0.0001

  Número de iterações realizadas:

   52.

  Valor do zero:

   0.0000826

```
Raiz encontrada:


-1.2490332
```

O código se divide em duas partes: na primeira, a partir de um valor de abscissa definido pelo usuário (`a`), um laço *while* permite ao programador identificar onde ocorre a mudança de sinal necessária para implementar o Método da Posição Falsa, criando o intervalo [a,b] de busca da raiz. Perceba que é possível que não haja uma mudança de sinal da imagem a partir da incrementação de `a`, ou esta esteja demasiado distante; dessa forma, para evitar o *loop* infinito ou a demora na busca dessa troca do sinal, o número de iterações teve seu máximo fixado em 1000 e esta condição foi usada no `while`. Ao fim do laço, o valor de `a` é revisto, pois, devido à lógica utilizada, `a` e `b` saem do `while` com o mesmo valor. É interessante notar que a variável `msm_Sin` é inicializada com o valor `%T`, para que o laço seja executado, permanecendo com esse valor até que haja troca no sinal das imagens dos limites do intervalo (quando a proposição `msm_Sin=sign(fa)==sign(fb)` retornar *falso*).

Na segunda parte do código, temos um condicional `if` informando que o algoritmo só será executado se o número de iterações da parte anterior tiver sido menor que 1000, i.e., se o intervalo tiver sido encontrado, e dentro de um "tempo" determinado. Caso esse não seja o caso, uma mensagem será impressa na tela informando que o intervalo não foi achado, e o programador deverá alterar o ponto inicial `a`.

Se houver um intervalo de busca, o algoritmo segue para outro laço *while*, dessa vez estabelecendo como critério de parada (além do número de iterações, como no laço anterior) o valor de *f(x)* ser menor ou igual à precisão `e` determinada pelo programador (no exemplo, 10^{-4}). Merece destaque ainda outro condicional `if` para determinar qual dos limites do intervalo será substituído por `x`, garantindo a diferença do sinal da imagem de ambos.

Esse código pode ser ainda otimizado com o uso de **funções** e **procedimentos**, vistos mais adiante, que permitirão aplicar o método a qualquer tipo de função.

2.3 Resumo do Capítulo

A unidade básica do Scilab é o *vetor*, pensado como uma coleção de elementos. Juntamente com as matrizes, isso deixa a programação mais ágil e elegante. Existem diversas funções pré-implementadas para a manipulação de vetores, matrizes e hipermatrizes no ambiente.

Básicos em quase toda linguagem de programação, os *controles de fluxo* são parte fundamental do exercício de programar. Foram abordados o *for*, o *if* e o *while*.

3 ENTRADA E SAÍDA DE DADOS

Um código não teria qualquer utilidade se não fosse possível inserir dados para o alimentar ou visualizar seus resultados. Nessa filosofia, este capítulo será dedicado às funções de entrada e saída do Scilab. Os gráficos, que também podem ser considerados saídas de uma rotina computacional, serão estudados à parte, dada sua natureza peculiar e o número de funções constantes em sua biblioteca.

3.1 *Input* e *Disp*

Os comandos de entrada e saída de dados conferem dinamismo ao código, na medida em que permitem ao usuário da rotina executar validações do código com entradas e saídas diversas.

O comando `disp` já foi apresentado, mas é mister mencionar que é possível adicionar múltiplos argumentos de entrada para ele, atentando que estes serão exibidos na ordem inversa da usada dentro dos parênteses (digite `disp("World","Hello",1,"Programa")` no *prompt*).

Para fazer a operação inversa, ou seja, ler um dado digitado pelo usuário, usa-se a função `input`. Este comando exibe uma frase passada como argumento enquanto aguarda a inserção do dado pelo usuário. Por exemplo, imagine que se deseja retornar o volume da esfera em mm³ para um raio qualquer digitado no *prompt*. O código poderia ser como segue:

```
clc
clear
close

raio_pol = input("Insira o raio da esfera, em polegadas: ")
// atribuição do raio, em polegadas
raio_mm = raio_pol*25.4 // conversão para milímetros
volume = 4/3 * %pi * raio_mm^3 // cálculo do volume

//Exibição dos resultados no prompt
disp("Raio da esfera, em polegadas: ")
disp(raio_pol)
disp("Volume da esfera, em mm³: ")
disp(volume)
```

Para um raio de $2\frac{1}{8}$", o resultado seria:

```
Insira o raio da esfera, em polegadas: 2+1/8


Raio da esfera, em polegadas:


2.125
```

```
Volume da esfera, em mm³:


   658668.
```

O valor `2 + 1/8` foi inserido pelo usuário. Juntamente com o `disp`, `input` forma a dupla de comandos básica para entrada e saída de dados no Scilab. Entretanto, muitas vezes se faz necessária a utilização de uma interface mais amigável de dados, principalmente quando a rotina será utilizada por pessoas diversas das que escreveram o código. Nesse contexto, o Scilab tem implementadas as funções de Interface Gráfica de Usuário (GUI, na sigla em inglês). Estas serão tratadas na próxima seção.

EXERCÍCIO 3.1

Seja o sistema estático abaixo:

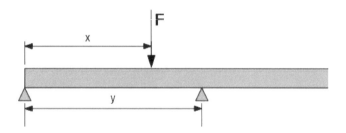

Considerando o apoio da esquerda sempre fixo à extremidade esquerda da viga, escreva um código para calcular as reações nos dois apoios, tendo como entrada os valores x (ponto de aplicação da força), y (distância do segundo apoio em relação ao primeiro) e o módulo da força F. Considere ainda que ambos os apoios resistem somente a componentes verticais, em ambos os sentidos.

SOLUÇÃO

Equações físicas do problema:

$$R_A = \left(1 - \frac{x}{y}\right).F \quad \text{e} \quad R_B = \frac{x}{y}.F$$

Código:

```
setup = input("Insira o ponto de aplicação da força, a distância
do segundo apoio e a intensidade da força, na forma de vetor: ")

Ra = (1-setup(1)/setup(2))*setup(3)
Rb = setup(1)/setup(2)*setup(3)

disp(Ra,"Intensidade da reação no primeiro apoio: ")
disp(Rb,"Intensidade da reação no segundo apoio: ")
```

Resultado:

Insira o ponto de aplicação da força, a distância do
segundo apoio e a intensidade da força, na forma de vetor:
[0.5;0.7;100]

Intensidade da reação no primeiro apoio:

   28.571429

Intensidade da reação no segundo apoio:

   71.428571

Uma consideração sobre a implementação: os dados são inseridos de forma pouco imune a erros de digitação do usuário, exigindo ainda que o mesmo conheça a sintaxe de declaração de vetores no ambiente. Este problema pode ser minimizado pelo uso das GUI, assunto da próxima seção, e da função `if`. O que deve ser testado num laço do tipo *se-então* é se os dados inseridos pelo usuário são numéricos; será usada a função `typeof`, que deve ser do tipo *"constant"* para que a rotina seja executada. Outra condição é que o vetor setup tenha três elementos, mas, caso o usuário resolva digitar *strings* e constantes no *prompt*, o programa retornará erro, o que só pode ser resolvido com as GUI:

```
setup = input("Insira o ponto de aplicação da força, a distância
do segundo apoio e a intensidade da força, na forma de vetor: ")
if (typeof(setup)=="constant" & length(setup)==3) then
    Ra = (1-setup(1)/setup(2))*setup(3)
    Rb = setup(1)/setup(2)*setup(3)

    disp(Ra,"Intensidade da reação no primeiro apoio: ")
    disp(Rb,"Intensidade da reação no segundo apoio: ")
else
    disp("Formato inválido")
end
```

A título de curiosidade, digite no *prompt*:

```
inv([1                                           1;0
setup(2)])*[setup(3);setup(1)*setup(3)]
```

Modele o sistema físico para entender a linha acima e reescreva o código para incorporar esse modelo de solução.

3.2 Interfaces Gráficas de Usuário

Seria muito mais cômodo para o usuário se ele pudesse digitar os dados de entrada do problema anterior em espaços rotulados, evitando erros decorrentes de má alocação das informações ou problemas de sintaxe. A função de GUI `getvalue` cumpre esse papel, e o código poderia ser reescrito como:

```
rotulos = ["Ponto de aplicação da força (m)" "Posição do segundo
apoio (m)" "Intensidade da força (N)"]
[ok,setup(1),setup(2),setup(3)]= getvalue("Insira as informações
do sistema: ",...
                    rotulos,...
                    list("vec",1,"vec",1,"vec",1),...
                    ["0.5" "0.5" "1"])

R = inv([1 1;0 setup(2)])*[setup(3);setup(1)*setup(3)]

disp(R(1),"Intensidade da reação no primeiro apoio: ")
disp(R(2),"Intensidade da reação no segundo apoio: ")
```

Intensidade da reação no primeiro apoio:

 -16.666667

Intensidade da reação no segundo apoio:

 -13.333333

Passemos à explicação do código em torno da função `getvalue`. O primeiro passo é definir os **rótulos** apresentados ao lado das caixas de inserção de dados. Esta variável, chamada de `rotulo` no código acima, é um vetor de caracteres, de tamanho 1 x 3.

Na aplicação da função propriamente dita, temos que o número de argumentos de saída é o número de elementos de `rotulo` mais 1. A variável além das que realmente importam para o programa (inseridas nas caixas rotuladas) é `ok`, uma booleana que retorna *verdadeiro* se o botão "ok" for pressionado e *falso*, caso contrário.

O primeiro argumento de entrada é o título da caixa de diálogo, uma *string* (`"Insira as informações do sistema: "`), seguido dos rótulos criados anteriormente. O terceiro argumento é um objeto do Scilab chamado *lista*, que assemelha-se a uma matriz, mas armazena elementos de tipos não necessariamente iguais. A lista é criada com o comando `list()`, com o dobro de elementos de `rotulo` de argumentos de entrada. Cada par de argumentos de entrada é composto por uma *string* de tipo e uma constante representativa do número de elementos sob cada rótulo. Para facilitar a visualização, considere as linhas abaixo:

```
rotulos = ["X" "Y" "Z"]
[ok,x,y,z]= getvalue("Insira as informações do sistema: ",...
                rotulos,...
                 ("vec",3,"vec",1,"vec",2),...
                ["0.5;0.5;0.5" "0.5" "1;2"])
```

Este código recebe três variáveis, `x`, `y` e `z`, com 3, 1 e 2 elementos, respectivamente. É interessante notar que, dentro das caixas, os elementos podem ser separados por vírgulas (o que resultará em um vetor-linha) ou ponto-e-vírgula (que resultará em um vetor-coluna).

Os tipos de dados aceitos nesta lista, além de `vec`, que indica um vetor do tipo `constant`, são `mat` (matriz de constantes), `col` (vetor coluna de constantes), `row` (vetor linha de constantes), `intvec` (vetor de inteiros), `str` (*strings*) e `lis` (listas).

O último argumento de `getvalue` é a máscara das caixas de texto, i.e., os valores que serão exibidos juntamente com ela e poderão ser usados como *default*, caso o usuário não os altere.

Agora suponha que esta rotina de solução de uma viga biapoiada esteja sendo usada por um professor que, a fim de evitar cola, distribui valores diferentes dos parâmetros de entrada para cada aluno seu. Esse processo teria de ser implementado dentro de um laço `for` para maior eficiência, mas a rotina a seguir dá a opção de o professor registrar de forma prática o resultado de cada aluno:

```
rotulos = ["Nome","Ponto de aplicação da força (m)" "Posição do
segundo apoio (m)" "Intensidade da força (N)"]
[ok,nome,setup(1),setup(2),setup(3)]=    getvalue("Insira    as
informações do sistema: ",...
                    rotulos,...

list("str",1,"vec",1,"vec",1,"vec",1),...
                    ["Aluno","0.5" "0.5" "1"])

R = inv([1 1;0 setup(2)])*[setup(3);setup(1)*setup(3)]

press  =   messagebox("As   reações   são   "+string(R(1))+"   N   no
primeiro apoio e "+string(R(2))+" N no segundo apoio.",...
                    "Viga Biapoiada",...
                    "info",...
                    ["Acertou" "Errou" "Não resolveu"],"modal")
```

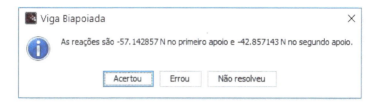

A novidade aqui está em torno do uso da função `messagebox`, uma alternativa mais robusta para exibição de resultados. Os argumentos de entrada são iniciados pelo conteúdo da mensagem. Atente para o uso do comando `string`, que converte os dados constantes reais `R(1)` e `R(2)` para texto. Em seguida, temos o título da caixa de diálogo, outro texto. O terceiro item permite escolher que ícone será exibido na caixa; as opções são `"error"`, `"hourglass"`, `"info"`, `"passwd"`, `"question"`, `"warning"` e `"scilab"`, este último sendo o padrão caso um ícone não seja definido.

Por fim, os dois últimos argumentos se referem aos botões exibidos: o vetor de *strings* fornece o nome a ser exibido dentro dos botões e a *string* `"modal"` faz com que a variável de saída `press` aloque o número do botão pressionado ("1" é o botão mais à esquerda).

É interessante dizer que, caso o programador deseje não setar determinado argumento de entrada de uma função, basta utilizar o símbolo `[""]` (se algum argumento posterior for setado) ou simplesmente digitar dentro dos parênteses os argumentos somente até o argumento que se deseja.

O Scilab fornece uma função que facilita a coleta de dados do tipo "uma resposta por linha": `x_choices`, onde cada linha é uma variável do tipo lista, reunidas depois em outra lista. O exemplo abaixo ilustra seu uso:

```
Quest1                          =              list("Temeperatura
Ambiente",2,["Alta","Agradável","Baixa"])
Quest2 = list("Nível de Ruído Ambiente",3,["Insuportável","Mais
Alto que o Ideal","Ideal"])
Quest3   =   list("Nível   Pessoal   de   Energia",1,["Bem
disposto","Levemente  Cansado","Cansado","Indisposto   para   o
trabalho"])
Quest4        =        list("Conforto         Geral        do
Ambiente",1,["Confortável","Desconfortável"])
resp           =           x_choices("Ambiente           de
Trabalho",list(Quest1,Quest2,Quest3,Quest4))
```

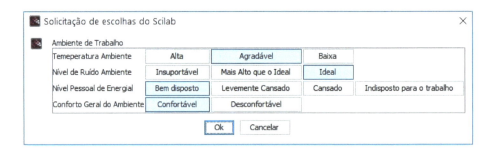

Cada linha, conforme já citado, é uma lista composta do rótulo da linha, uma constante indicativa de qual opção está selecionada por padrão e, por fim, um vetor de caracteres contendo as opções. A função `x_choices` apenas reúne todas as listas das linhas em outra lista, contendo o título da caixa de diálogo e as variáveis componentes da caixa. A variável de saída é um vetor contendo constantes correspondentes à posição da opção selecionada, sendo 1 a opção mais à esquerda.

Para finalizar as funções de GUI, vale citar a `x_matrix`, que permite ao usuário informar os valores de uma matriz. A rotina abaixo ilustra um exemplo com a função, retornando uma matriz com os produtos internos dos vetores informados pelo usuário:

```
[ok,N,dim]=getvalue("Dados dos Vetores",...
                      ["Número de vetores", "Dimensão dos
vetores"],...
                  list("intvec",1,"intvec",1),...
                  ["2","3"])
M=evstr(x_matrix("Digite    uma    matriz   "+string(dim)+"   x
"+string(N)+":",rand(dim,N)))

for i=1:N
    for j=1:N
        P(i,j)=sum(M(:,i).*M(:,j))
    end
end

disp(P,"Matriz de Produtos internos: ")
```

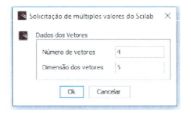

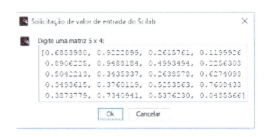

```
Matriz de Produtos internos:
```

1.7893331	2.0661276	1.1488608	0.8841664
2.0661276	2.5491695	1.397891	0.8620176
1.1488608	1.397891	0.9524306	0.7354214
0.8841664	0.8620176	0.7354214	1.04019

Na matriz M, cada coluna representa um vetor, a ser usado na matriz P. Sendo M_k a k-ésima coluna de M (ou o k-ésimo vetor inserido pelo usuário), um elemento p_{ij} de P é o produto interno entre M_i e M_j.

Como se pode deduzir do código acima, `x_matrix` é alimentada apenas com o título da caixa de texto e uma máscara de dados-padrão. É bom ressaltar que, na maioria dos casos, se fará necessário o uso do comando `evstr`, que converterá uma *string* em um dado numérico (`evstr("2")` pode ser elevado ao quadrado, já "2", naturalmente, não). Isso é devido ao fato de diversas funções de entrada de dados retornarem uma cadeia de caracteres como saída.

A biblioteca de GUI do Scilab conta ainda com outras funções, como `x_choose` e `x_dialog`, que podem ser facilmente compreendidas com a documentação presente no *help* do programa; suas aplicações são similares às já apresentadas. Outras funções, as de manipulação de arquivos, serão vistas na próxima seção.

EXERCÍCIO 3.2

Gere um conjunto de 20 pontos obedecendo a equação $y = r_2 x^2 - r_1 x + r_0$, onde $r_{i,(x,y)}$ é um número aleatório para o par (x,y) multiplicando x^i, $i \in \{0,1,2\}$ e x é um domínio real. Em seguida, escreva uma rotina que solicite ao usuário três pontos quaisquer x_1, x_2 e x_3 tais que $x_i \in [mín(x) ; máx(x)]$, $i = \{1,2,3\}$ e retorne valores y_{x1}, y_{x2} e y_{x3} interpolados no conjunto de pontos y.

SOLUÇÃO

Como há a demanda por um número fixo de elementos, é mais cômodo gerar *x* por meio da função `linspace`: Para o exemplo, foi usado o intervalo [-5 ; 5]:

```
N=20
x = linspace(-5,5,N)
```

Para a criação de *y*, a estratégia usada nesse exemplo é a que segue:

```
r = rand(3,N)
y = r(3,:) - r(2,:).*x + r(1,:).*(x.^2)
```

Perceba as operações elemento a elemento e a criação simultânea dos três coeficientes com `rand`. Quanto à interpolação, será escolhido o modelo linear, da forma $\frac{y-y_1}{x-x_1} = \frac{y_2-y_1}{x_2-x_1}$, onde *y* é o valor interpolado equivalente a *x*. A maior parte da lógica é encontrar os valores x_1 e x_2 que correspondem aos limites inferior e superior do intervalo mínimo que contém *x* (já que as imagens dos limites são obtidas automaticamente a partir da posição). A estratégia adotada usa as seguintes equações:

$$LI(x \rightarrow X) = max(X[x \geq X])$$

$$LS(x \rightarrow X) = min(X[x \leq X])$$

Essas equações podem ser lidas com "limite inferior (ou superior) de x no conjunto discreto X é igual ao máximo (ou mínimo) dos valores de X que são maiores (ou menores) ou iguais a x". Lembre-se que, no Scilab, uma expressão como $a > Y$, sendo a um escalar e Y um vetor, retorna um vetor de booleanos, vetor este que, quando passado como índice de um vetor qualquer, retorna somente os elementos correspondentes ao valor *verdadeiro*. Por fim, deve-se também encontrar as posições desses limites em x a fim de que se encontre os correspondentes em y também.

Para que o usuário insira os três pontos exigidos no exercício, será usado `getvalue`. Juntando tudo no código, temos:

```
N=20
x = linspace(-5,5,N)
r = rand(3,N)
y = r(3,:) - r(2,:).*x + r(1,:).*(x.^2)

[ok,x_Ent(1),x_Ent(2),x_Ent(3)]=getvalue("Pontos         para
Interpolação",...
                ["x1", "x2","x3"],...
                list("vec",1,"vec",1,"vec",1),...
                ["1","2","3"])

LI(1) = max(x(x_Ent(1)>=x))
LS(1) = min(x(x_Ent(1)<=x))
pos_Inf(1) = find(x==LI(1))
pos_Sup(1) = find(x==LS(1))
```

```
LI(2) = max(x(x_Ent(2)>=x))
LS(2) = min(x(x_Ent(2)<=x))
pos_Inf(2) = find(x==LI(2))
pos_Sup(2) = find(x==LS(2))

LI(3) = max(x(x_Ent(3)>=x))
LS(3) = min(x(x_Ent(3)<=x))
pos_Inf(3) = find(x==LI(3))
pos_Sup(3) = find(x==LS(3))
```

Perceba que a construção do vetores de posição dos limites e do valor desses limites poderia ser construído de forma mais ágil com `for`; fica como exercício. A posição dos limites no vetor *x* é encontrada com o uso de `find`, que retorna *onde* no vetor se satisfaz a condição lógica dentro dos parênteses.

O código a seguir encontra os valores em *y* correspondentes aos limites e executa o cálculo da interpolação:

```
y_LI(:,1) = y(pos_Inf)
y_LS(:,1) = y(pos_Sup)

y_Sai = ((x_Ent - LI).*(y_LS - y_LI))./(LS - LI)+y_LI
```

As figuras a seguir mostram um resultado dessa execução (no capítulo sobre gráficos, você verá como obter um gráfico). Os pontos em cima da linha são os interpolados:

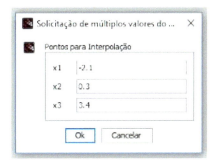

Abscissas definidas pelo usuário:

   -2.1

    0.3

    3.4

Ordenadas correspondentes aos pontos de entrada:

    3.0899775

    0.6519962

    1.6806056

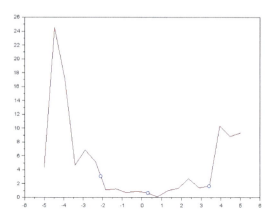

Note-se que este código não restringe os valores de entrada aos limites definidos pelo programador. Este tipo de segurança de código foi visto em *controles de fluxo*.

3.3 Manipulação de Arquivos de Dados

Em aplicações científicas, é usual ler e escrever dados em arquivos externos, principalmente nos formatos *.txt* e *.csv*. Devido à importância e à quantidade de funções relacionadas a arquivos e diretórios, esta seção será dedicada explanar alguns dos meios de manipulá-los no Scilab.

A primeira coisa a se ter em mente quando do trabalho com arquivos externos é organizar todo o material em uma pasta específica. Para evitar digitar todo o caminho da pasta como atributo da função `chdir`, é interessante usar antes `uigetdir()`, que pode conter um início de caminho ou nada entre parênteses. O código no SciNotes começa, então, com:

```
clc
clear
close

chdir(uigetdir())
```

A título didático, confirme que, ao digitar `pwd()` no *prompt*, o resultado será o diretório escolhido por você.

O primeiro exercício será gerar uma matriz de tamanho qualquer de números aleatórios em distribuição normal e escrever esta matriz em um arquivo *.txt* para uso posterior. Incorporar-se-á ao código anterior a seguinte linha:

```
M = grand(10, 50, "nor", 1.2, 0.85)
```

A função `grand` é uma opção mais robusta para a geração de números aleatórios; digite help("grand") no *prompt* e aprenda mais sobre ela. Também no *prompt*, digite `mean(M)` e `stdev(M)`; os valores têm de estar próximos a 1,2 (média usada para distribuição, quarto argumento de `grand`) e 0,85 (desvio-padrão, último argumento). A matriz gerada tem dimensões 10 linhas por 50 colunas.

EXERCÍCIO 3.3

Este exercício não é sobre manipulação de arquivos, mas explora algumas funções apresentadas anteriormente e permite inspecionar se os números gerados aleatoriamente de fato seguem uma distribuição normal.

Dada a matriz aleatória gerada no início desta seção, inspecione graficamente e verifique se os números gerados aproximam-se de uma distribuição normal.

SOLUÇÃO

```
M = grand(10, 50, "nor", 1.2, 0.85)
k = round(sqrt(prod(size(M)))) //N° de classes a dividir M
delta = (max(M)-min(M))/k // amplitude de cada classe

//limites inferiores de classe: div($)=max(M)-delta
lim_Inf = min(M)
lim_Inf =[lim_Inf,min(M)+[1:k-1]*delta]

//contagem do número de elementos em cada classe
for i=1:k-1
    cont(1,i)=sum(M>=lim_Inf(i) & M<lim_Inf(i+1))
end
cont(k)=sum(M>=lim_Inf(k))
```

```
plot(1:k,cont,"o")
```

Depois de gerada a matriz, e escolhido o método visual de teste de normalidade, o primeiro passo é escolher o número de classes em que os dados serão divididos. Aqui, foi usada a equação $k = \sqrt{N}$, onde k é o número de classes e N é o número de indivíduos da amostra (no caso, o número de elementos de M). A função round é necessária pois o número de classes, obviamente, é inteiro; int também caberia, mas o valor de k poderia ser diferente (por quê?).

O segundo passo é calcular os limites inferiores de cada classe, que se iniciam pelo valor mínimo em M. Atente para a operação de concatenação envolvida no processo de definir esses limites. Perceba que a lógica é a mesma por trás da geração de uma P.A.: $P = P_0 + N.r$, onde N pode ser tanto um escalar com a posição de um termo específico, quanto um vetor contendo várias posições desejadas (no exemplo, $N = \{1, 2, ..., k\}$). A razão da P.A. é a amplitude de cada classe, armazenada na variável delta.

Dentro do laço for, temos a atribuição da contagem de elementos dentro de determinada classe i. Observe que as iterações dentro do laço vão de 1 a k-1, pois a lógica de seleção dos indivíduos usa maior ou igual ao limite inferior i e menor que o limite inferior subsequente; portanto, para a última classe, é necessário a atribuição executada imediatamente após o término do laço (cont(k)). Observe também que o resultado da expressão

`M>=lim_Inf(i) & M<lim_Inf(i+1)` é um vetor booleano, mas, conforme citado anteriormente, a soma aplicada em variáveis booleanas interpreta *verdadeiro* como 1 e *falso* como zero. Portanto, a soma da expressão resulta exatamente no número de elementos que a satisfazem.

Por fim, a inspeção visual é possível graças ao comando `plot(x,y)`, que exibe um gráfico de abscissa *x* e ordenada *y*. Para informações sobre `plot`, consulte o capítulo sobre *gráficos*. O resultado desse código deve se parecer com a seguinte figura:

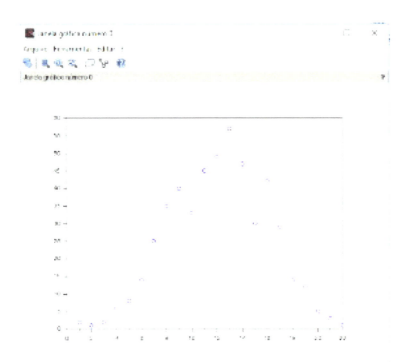

Considerando a resolução (22 pontos, equivalente ao número de classes), pode-se considerar que realmente trata-se de uma distribuição normal. Como exercício, altere o número de classes e analise o resultado.

$$***$$

Para escrever a matriz M em um arquivo de texto, basta executar o comando:

```
fprintfMat(pwd() + "/matriz.txt", M)
```

`pwd()` é o diretório atual de trabalho que você escolheu, uma *string* concatenada com o nome que você resolver dar ao arquivo, dentro da função `fprintfMat()`. Abra o arquivo de texto dentro do seu diretório com um editor de texto qualquer e verifique que a matriz está lá, com os elementos separados por espaços. Perceba que a extensão do arquivo é definida pelo programador, podendo ser também, por exemplo, *.csv*.

A função `fscanfMat` usa como argumento o nome do arquivo, fazendo o oposto de `fprintfMat`: lê arquivos contendo matrizes:

```
A=fscanfMat("matriz.txt")
```

Perceba que não há agora indicação da primeira parte do caminho. O comando `fprintfMat("matriz.txt", M)` tem o mesmo efeito do mostrado anteriormente?

Em Processamento de Dados, é frequente a leitura de arquivos contendo linhas de texto. O comando `mgetl` procede à leitura de um número determinado de linhas (ou todas as linhas, se não for especificado) de um arquivo:

```
mgetl("descrição mgetl.txt",10)
```

Digitando no *prompt*, obtemos as 10 primeiras linhas de um arquivo chamado "descrição mgetl.txt" salvo no diretório de trabalho. A saída da função pode ser armazenada em uma nova variável e escrita em um arquivo diferente com o uso de `mputl`, como no código a seguir:

```
txt=mgetl("descrição mgetl.txt",10)
mputl(txt,"excerto.txt")
```

Lembre-se que o diretório padrão (definido com `chdir`) tem que constar no início do seu código, a fim de que os arquivos sejam lidos e escritos em sua pasta de trabalho.

O carregamento de planilhas para manipulação dentro do Scilab conta com as funções principais `csvRead` e `csvWrite`, para arquivos *.csv*, e `readxls`, para planilhas do Excel. O *help* do Scilab contém a descrição detalhada dos argumentos de entrada e saída dessas funções, que, por serem numerosos, conferem grande robustez a elas. Por exemplo, para `csvRead`, temos a seguinte documentação:

```
M = csvRead(filename)
M = csvRead(filename, separator)
M = csvRead(filename, separator, decimal)
M = csvRead(filename, separator, decimal, conversion)
M = csvRead(filename, separator, decimal, conversion, substitute)
M = csvRead(filename, separator, decimal, conversion, substitute, regexpcomments, range)
M = csvRead(filename, separator, decimal, conversion, substitute, regexpcomments, range, header)
[M, comments] = csvRead(filename, separator, decimal, conversion, substitute, regexpcomments, range, header)
```

Arguments

filename
    a 1-by-1 matrix of strings, the file path.
separator
    a 1-by-1 matrix of strings, the field separator used
decimal
    a 1-by-1 matrix of strings, the decimal used.
    If decimal is different of [] and conversion is set to string, the decimal conversion will be done.
conversion
    a 1-by-1 matrix of strings, the type of the output M. Available values are "string" or "double" (by default).
    Note that read_csv has "string" as default.
substitute
    a m-by-2 matrix of strings, a replacing map (default = [], meaning no replacements). The first column substitute(:,1) contains the searched strings and the second column substitute(:,2) contains the replace strings. Every occurence of a searched string in the file is replaced.
regexpcomments
    a string, a regexp to remove lines which match. (default: []).
range
    a 1-by-4 matrix of floating point integers, the range of rows and columns which must be read (default range=[], meaning that all the rows and columns). Specify range using the format [Row1 Column1 Row2 Column2] where (R1,C1) is the upper left corner of the data to be read and (R2,C2) is the lower right corner.

    Note that the file has to be correctly formated. The range will be done in the memory on the parsed elements.

header
    a 1-by-1 matrix of floating point integers, the number of lines to be ignored at the beginning of the file.
M
    a m-by-n matrix of strings or double.
comments
    a m-by-n matrix of strings matched by regexp.

Ainda no *help*, é possível visualizar e rodar exemplos de uso e ver funções relacionadas.

Existem diversas outras funções de entrada e saída arquivos, que porventura serão apresentadas ao longo do livro, mas que, por serem usadas na leitura de arquivos não necessariamente matriciais, têm seu uso menos afim às aplicações em Ciências Exatas e, portanto, não serão introduzidas nesta seção. Em "Arquivos: funções de Entrada/Saída", menu do navegador de ajuda do Scilab em português, você pode navegar por essas funções.

EXERCÍCIO 3.4

Gere um arquivo aleatório representativo de 100 transações comerciais. Em seguida, carregue esse arquivo para o ambiente Scilab e gere outro arquivo contendo o descritivo da amostra com:

a) Maior valor absoluto

b) Menor valor absoluto

c) Cinco maiores transações

d) Cinco menores transações

SOLUÇÃO

Para gerar o arquivo:

```
M = 1e4*grand(100, 1, "nor", 1.2, 0.85)
fprintfMat("TRANSAÇÕES.txt",M,"%3.2f")
```

O argumento opcional "%3.2f" indica que o tamanho mínimo de cada dado é 3 (equivalente a um dígito antes da vírgula e dois depois) e a precisão decimal é de dois dígitos.

Leitura e processamento dos dados:

```
Dados=fscanfMat("TRANSAÇÕES.txt")
max_Abs = max(abs(Dados))
min_Abs = min(abs(Dados))
top_5 = gsort(Dados)(1:5)
bottom_5 = gsort(Dados)($-4:$)

desc(1:3)=["Maior                valor            absoluto:
";string(max_Abs);"####################"]
desc(4:6)=["Menor                valor            absoluto:
";string(min_Abs);"####################"]
desc(7:13)=["5                maiores              transações:
";string(top_5);"####################"]
desc(14:19)=["5 menores transações: ";string(bottom_5)]
mputl(desc,"Descritivo de Dados.txt")
```

Existe uma forma mais eficiente de preencher o vetor `desc`?

3.4 Resumo do Capítulo

O Scilab conta com três formas principais de entrada e saída de dados: diretamente no *prompt*, por meio de interfaces gráficas de usuário e em arquivos externos. O *prompt* é útil em validação do código e resultados rápidos, enquanto as GUI facilitam a utilização da rotina por quem não a escreveu. Os arquivos externos são mais eficientes no tratamento de dados maiores, provenientes de medições ou de outros *softwares*. Tais funções podem ser encontradas nas bibliotecas *arquivos: funções de entrada/saída*, *funções de entrada e saída*, GUI, *funções de saída* e *planihas*, acessíveis pelo menu de ajuda.

4 POLINÔMIOS E ESTRUTURAS DE DADOS

Estes dois tipos de variáveis já foram introduzidas em capítulos anteriores e terão agora uma aprofundamento em torno das funções disponíveis para sua manipulação. De antemão, é bom destacar que as *listas* são objetos similares aos vetores e matrizes, mas que comportam o armazenamento de **múltiplos tipos de dados**. Por conta disso, são muito usadas no Processamento de Dados e na Programação Orientada a Objetos dentro do ambiente Scilab.

Polinômios, por sua vez, possuem aplicações nos mais diversos campos da Ciência, como Processamento de Sinais e Análise Estatística. A maioria das funções da biblioteca de polinômios no Scilab é voltada para Sistemas de Controle, mas isso não restringe sua aplicação a qualquer outro campo.

4.1 Polinômios

Seja P um polinômio de grau n na variável x. Se $P = \left| p_{n+1} \right| \cdot det(A - x.I_n)$, em que p_{n+1} é a constante que multiplica o termo x^n, temos que A é a *matriz companheira* de P e P, por sua vez, é múltiplo do *polinômio característico* de A. Além disso, as raízes do polinômio característico de uma matriz são os *autovalores* dessa matriz, e um vetor *v* associado a um autovalor λ, tal que $M.v = \lambda.v$, é chamado de *autovetor* de *M*.

Esses conceitos serão usados para apresentar algumas funções para polinômios no código abaixo:

```
P = poly([1 -.5 2.3 -%pi],"x","coeff") //Criação do polinômio
disp(P,"Polinômio P: ")
n=degree(P)//grau de P
c_P=companion(P)
disp(c_P, "Matriz companheira de P: ")

disp(det(c_P-%s*eye(n,n)), "Polinômio característico da Matriz
Companheira de P: ")
disp(coeff(P)/abs(coeff(P)($)),"Coeficientes mônicos de P: ")

autoval = roots(P)
disp(autoval,"Autovalores - Raízes do Polinômio Característico:
")
[aVet,aVal] = spec(c_P) //extração de autovalores e autovetores

for i=1:n
    disp(aVet(:,i),"Autovetor de "+string(aVal(i,i))+": ")
end
```

```
        Polinômio P:


                 2              3
        1 -0.5x +2.3x   -3.1415927x
```

Matriz companheira de P:

0.7321127 -0.1591549   0.3183099

1.   0.   0.

0.   1.   0.

Polinômio característico da Matriz Companheira de P:

$$0.3183099 - 0.1591549s + 0.7321127s^2 - s^3$$

Coeficientes mônicos de P:

0.3183099 -0.1591549   0.7321127 -1.

Autovalores - Raízes do Polinômio Característico:

0.9293839

-0.0986356 + 0.5768593i

-0.0986356 - 0.5768593i

Autovetor de 0.9293839:

```
        0.5346684

        0.5752934

        0.6190051


    Autovetor de -0.0986356+%i*0.5768593:


       0.2673663 + 0.0941861i

       0.081637 - 0.477445i

      -0.8276629


    Autovetor de -0.0986356-%i*0.5768593:


       0.2673663 - 0.0941861i

       0.081637 + 0.477445i

      -0.8276629
```

Explicação do Código:

```
P = poly([1 -.5 2.3 -%pi],"x","coeff") //Criação do polinômio
disp(P,"Polinômio P: ")
```

A função `poly(p,"y","coeff")` cria um polinômio cujos coeficientes (em ordem crescente do expoente do termo multiplicado) são os elementos do vetor *p* e cuja variável é *y*. `poly(p,"y","roots")` ou `poly(p,"y")` cria um polinômio de raízes iguais aos elementos de *p*. No exemplo, o polinômio gerado é $P(x) = 1 - 0.5x + 2.3x^2 - \pi x^3$.

```
c_P=companion(P)
disp(c_P, "Matriz companheira de P: ")

disp(det(c_P-%s*eye(n,n)), "Polinômio característico da Matriz
Companheira de P: ")
disp(coeff(P)/abs(coeff(P)($)),"Coeficientes mônicos de P: ")
```

Após o cálculo da matriz companheira de *P* com o uso da função `companion`, ocorre o teste de correção dessa matriz, mostrando no *prompt* que os coeficientes mônicos de *P* (coeficientes divididos pelo valor absoluto do multiplicador de x^n) são, de fato, os coeficientes do polinômio característico da matriz `c_P`.

```
autoval = roots(P)
disp(autoval,"Autovalores - Raízes do Polinômio Característico:
")
```

Os autovalores de `c_P` são extraídos com o uso da função `roots`, que retorna as raízes de um polinômio passado como argumento.

```
[aVet,aVal] = spec(c_P) //extração de autovalores e autovetores

for i=1:n
    disp(aVet(:,i),"Autovetor de "+string(aVal(i,i))+": ")
end
```

A função `spec` retorna dois argumentos de saída: o primeiro é uma matriz cujas colunas são os autovetores da matriz de entrada; o segundo é uma matriz diagonal com os autovalores em sua diagonal principal.

O uso de `for` agiliza e automatiza a exibição, mas o programador poderia digitar

```
disp(aVet(:,1),"Autovetor de "+string(aVal(1,1))+": ")

disp(aVet(:,2),"Autovetor de "+string(aVal(2,2))+": ")

disp(aVet(:,3),"Autovetor de "+string(aVal(3,3))+": ")
```

para obter o mesmo resultado. Note que o uso dos dois pontos no lugar de um índice instrui o compilador a considerar todas as linhas ou colunas (ou matrizes e hipermatrizes, se a dimensão for maior que 2) da matriz ou hipermatriz (no caso, aplicado à matriz `aVet`).

Além das apresentadas, há também a função `degree`, que, naturalmente, retorna o grau do polinômio de entrada. Como complemento às funções básicas de polinômio, dispomos do comando `horner (P,k)`, que avalia o valor do polinômio *P* em *k*, este último podendo ser uma matriz constante ou polinomial; da função `polfact()`, que retorna um vetor com os fatores mínimos de um polinômio (i.e., `prod(polfact(P))` = `P` e não há divisor comum entre os elementos de `polfact(P)` além da unidade); do comando `[r,q]=pdiv(A,B)`, sendo que *A* = *q.B* + *r*; e da função `derivat`, que fornece a derivada de uma razão de polinômios.

Matrizes polinomiais, a propósito, são objetos extremamente úteis em Ciência Aplicada; você pode explorar esse assunto em http://pee.ufrj.br/teses/textocompleto/2005042502.pdf [1]. Sua definição é muito simples, sendo polinômios de graus diversos dispostos em formato matricial (matrizes de constantes são, na verdade, um caso particular onde todos os polinômios têm grau 0). As funções vistas para manipular matrizes, via de regra, valem para matrizes polinomiais.

O código seguinte ilustra uma aplicação de polinômios em interpolação. A implementação se baseia na solução do seguinte sistema linear: $[V \circ x]_{n \times n} \cdot [c]_{n \times 1} = [y]_{n \times 1}$, onde *V* representa o operador de Vandermonde, V_{ij} = ^(*j* – *1*), *c* é o vetor de coeficientes do polinômio interpolador e *(x,y)* são os *n* pontos tomados para interpolação.

```
N = input("Número de pontos tomados: ")

x = rand(N,1) //Abscissas geradas aleatoriamente
y = rand(N,1) //Ordenadas geradas aleatoriamente
```

```
e=[0:N-1]' //Expoentes

A = x*ones(1,N)
b = [e*ones(1,N)]' //Operador de Vandermonde
M = A.^b //Matriz do sistema linear

coef = M\y //Solução do sistema linear

P = poly(coef,"x","c")

disp(P, "Polinômio interpolador: ")
disp(horner(P,x),"Avaliação de P em x: ")
disp(y,"Imagem de x: ")
```

Número de pontos tomados: 4

 Polinômio interpolador:

                                    2   3

   0.6840995 -1.547538x +8.9880969x -9.4788652x

 Avaliação de P em x:

   0.4325222

   0.7396825

   0.0533935

   0.6131269

 Imagem de x:

```
0.4325222

0.7396825

0.0533935

0.6131269
```

4.2 Estruturas de Dados

Imagine o seguinte problema: você deseja armazenar dentro do Scilab os seguintes dados de sua equipe de trabalho: **nome**, **idade**, **cargo** e **salário**. É possível armazenar "idade" e "salário" em uma matriz de duas colunas e "nome" e "cargo" em outra, por serem tipos iguais. Entretanto, o Scilab oferece um objeto útil para esse tipo de caso: a *célula*. Imagine que a tabela a ser inserida é a que segue:

NOME	IDADE	CARGO	SALÁRIO
JOÃO	32	TÉCNICO	R$ 5.200,00
MARIA	25	TÉCNICO	R$ 5.200,00
JOSÉ	28	GERENTE	R$ 6.000,00

| CARLOS | 43 | DIRETOR | R$ 10.000,00 |
| MARIANA | 19 | ESTAGIÁRIO | R$ 1.200,00 |

A instrução para criar um banco de dados vazio é:

```
dados = cell(5,4)
```

Digite no *prompt* e veja o resultado. É possível inicializar o banco de dados com a função `makecell`, usando como primeiro argumento um vetor de dois elementos com os números de linha e coluna (no caso, [5,4]) e o conteúdo em seguida, separado por vírgulas (digite `makecell([2 4],"JOAO",32,"TECNICO",5200,"MARIA",25,"TECNICO",5200)` no *prompt* para entender a lógica da função. Note que são exibidas, no lugar do conteúdo, informações com o tamanho e o tipo de cada elemento; será explicado mais adiante como acessar o conteúdo).

Normalmente, dados desse tipo estão salvos em planilhas, o que torna, a bem da eficiência, necessário utilizar algum dos comandos da seção 3.3 para carregar esses dados. Neste exemplo, o arquivo carregado é "dados funcionarios.csv" e a função é `csvRead`, com o atributo *conversion* setado para "*string*", já que a tabela contém múltiplos tipos de dados: como o *default* desse atributo é o tipo *"double"*, os dados nominais seriam lidos como `Nan`. Após isso, a variável `dados` será declarada e atribuída, dispensando o uso de `cell`:

```
banco = csvRead("dados funcionarios.csv",[],[],"string")
dados = num2cell(banco)
```

Diferente das matrizes, as estruturas de dados *cell* devem ter seus elementos acessados usando as chaves ("{") no lugar dos parênteses. Por exemplo, digite `dados{3,3}` no *prompt* para ver o cargo de José. Note que também foi usada a função `num2cell` para converter a matriz `banco` na estrutura de célula `dados`.

Apesar de o conteúdo já ter sido carregado para o ambiente, não é prático obter as informações da variável `dados`, pois os campos estão marcados como números, não com os atributos de fato (nome, cargo, etc.). Isso pode ser resolvido com a função `struct`, que cria uma estrutura de dados nomeada. O código, após criar a estrutura `dados`, pode ser da seguinte forma:

```
campos =["nome" "idade" "cargo" "salario"] //campos da lista
nomeada

argEnt="campos(1),dados{:,1}"
for i=2:size(campos)(2)
                                                    argEnt     =
argEnt+",campos("+string(i)+"),dados{:,"+string(i)+"}"
end
argEnt="struct("+argEnt+")"
```

```
dadosNom=evstr(argEnt)
```

Perceba que foi usado um pequeno artifício para que fosse possível inserir todos os campos por meio de um laço `for`: a sintaxe esperada para a função `struct`, que cria uma estrutura de dados nomeada, é `struct(nome_campo1,valor_campo1,nome_campo2, valor_campo2,...);` para fazer isso de forma automática, a variável do tipo *string* `argEnt` foi inicializada com o começo da sintaxe para `struct`, usando os campos definidos na variável `campos`, e concatenada com o restante da sintaxe até ser, finalmente, concatenada com o nome da função entre aspas, ao fim do laço. A variável `argEnt` é simplesmente um cadeia de caracteres; é o uso da função `evstr` que possibilita ao Scilab ler e interpretar essa cadeia de caracteres. Digite no *prompt* `argEnt` e veja o resultado. Para ver como evolui a variável `argEnt` ao longo do laço, digite `disp(argEnt)` antes do `end` do laço.

A variável `dadosNom` é do tipo *struct*, diferente de `dados`, que é uma *cell*. O acesso ao conteúdo pode ser feito agora por meio de um ponto após o nome da variável, seguido pelo campo que se deseja acessar:

```
--> dadosNom.idade

 ans  =
```

```
ans(1)
```

32

```
ans(2)
```

25

```
ans(3)
```

28

```
ans(4)
```

43

```
ans(5)
```

19

Uma *struct* ainda tem um pequeno empecilho: não existe uma ferramenta de pesquisa direta, mas é possível implementar um **função** para realizar esta tarefa. Isso será feito no capítulo sobre *funções e procedimentos*. Outra solução é usar o próximo objeto, apresentado a seguir, as *listas*.

Partindo da atribuição da variável `dados`, poderíamos melhor visualizar seu conteúdo se, em uma nova variável, cada elemento equivalesse a um funcionário. O código a seguir cria tal variável, tipada como uma *lista* (digite `typeof(info_Func)` no *prompt* para verificar):

```
banco = csvRead("dados_funcionarios.csv",[],[],"string")
dados = num2cell(banco)

info_Func=list()
for i=1:size(dados)(1)
    info_Func(i)=dados{i,:}
end
```

Agora, de forma mais intuitiva, podemos enxergar digitar `info_Func(3)(2)` para descobrir a idade de José. Note que o acesso aos elementos não é feito por meio do tradicional `(i,j)`, mas sim por `(i)(j)`.

Como nas *células*, aqui há o problema de os campos não estarem nomeados, dificultando o acesso intuitivo a esses valores. É possível criar um lista nomeada, com um tipo qualquer que você defina, sem ter que executar os passos de avaliação de *strings* necessários com o uso de `struct`: a função `tlist` une o melhor dos dois mundos, com o acesso tanto matricial quanto pelos nomes dos campos. O código a seguir define o tipo da lista como *info*:

```
info_Func=tlist(["info" "nome" "idade" "cargo" "salario"])
for j=1:size(dados)(2)
    info_Func(j+1)=dados{:,j}
end

// typeof: retorna o tipo da variável-argumento
disp(typeof(info_Func),"Tipo da lista: ")

// fieldnames: retorna os campos de uma lista. Exclusiva para
estruturas de dados
disp(fieldnames(info_Func),"Campos da lista: ")
```

A função `tlist` tem como argumento um vetor de caracteres cujo primeiro elemento é o tipo da lista tipada e os demais são os campos desta lista. Note que, dentro do laço, o índice de `info_Func` é `j+1`, começando, portanto, em 2; isto ocorre porque, em `info_Func(1)`, está armazenado o vetor argumento de `tlist`. Por fim, uma sintaxe alternativa, porém menos inteligente, de declarar a variável `info_Func` é:

```
info_Func=tlist(["info","nome","idade","cargo","
salario"],dados{:,1},dados{:,2},dados{:,3},dados
{:,4})
```

`tlist`, embora bastante robusta, tem uma desvantagem em relação à `struct`: uma vez declarada uma lista tipada, não é mais possível adicionar campos, procedimento permitido para uma *struct*.

4.3 Resumo do Capítulo

As listas e demais estruturas de dados são ferramentas que permitem armazenar dados de tipos diferentes; a recomendação de que objeto usar depende da conveniência, principalmente da forma de acessar os elementos. Tal como vetores, é necessário pensar em termos de estruturas de dados e/ou programação orientada a objetos para que se possa explorar o potencial desses objetos.

O Scilab conta também com objetos polinomiais, com funções específicas de manipulação. A maioria dos usos de polinômios em Ciência é abrangida pelas bibliotecas primitivas.

5 ANÁLISE ESTATÍSTICA BÁSICA E GRÁFICOS

O uso de Estatística é fundamental em qualquer área de Ciência Aplicada, posto que, sempre que há dados (e você invariavelmente trabalhará com dados se trabalhar com Ciência), se fazem necessárias suas análise e interpretação. O Scilab conta com uma biblioteca completa para o básico de Estatística usada nas aplicações de dados.

Outra ferramenta imprescindível é a visualização dos dados, o que se dá, na maior parte das vezes, na forma de gráficos.

5.1 Geração e Importação dos Dados

A tabela gerada para exemplo será uma série de observações sobre a qualidade de refrigeração de um auditório, tabela esta contendo tanto variáveis importantes na análise quanto a opinião dos participantes. Os metadados desse banco de dados estão expostos a seguir:

CAMP	LOTAÇÃO	TEMPERATURA EXTERNA	POTÊNCIA	SENSAÇÃO

OS				TÉRMICA
VALORES	[5 ; 200]	[10 ; 40]	[2 ; 5]	{FRIO, AGRADÁVEL ,QUENTE}
UNIDADE	pessoas	° C	kW	–

Nosso banco de dados contará com 100 observações dessas variáveis. A fim de manter a coerência do experimento, é interessante compor uma função para a SENSAÇÃO TÉRMICA, usando os valores dos outros campos. Para o método implementado aqui, o primeiro passo é aplicar a *normalização* das variáveis. Existem duas formas principais de normalização: a que usa a *média* e o *desvio-padrão* da variável (seja ela contínua ou discreta) e a que será usada neste exemplo, que fixa os limites da variável entre 0 e 1. A fórmula de conversão do valor x da variável X para o valor $\bar{x}$ da variável normalizada é a que segue:

$$\bar{x} = \frac{x - min(X)}{max(X) - min(X)}$$

O segundo ponto é determinar o tipo de função a ser usada. Por simplicidade, será usada uma função de combinação linear, ponderada de forma que a saída (imagem da função) esteja também entre 0 e 1:

$$f = \frac{p_1.X_1 + p_2.X_2 + p_3.X_3}{p_1 + p_2 + p_3}$$

X_1, X_2 e X_3 são, naturalmente, os campos LOTAÇÃO, TEMPERATURA EXTERNA e POTÊNCIA do aparelho de ar-condicionado. Por fim, é necessário transformar f em uma das três instâncias de SENSAÇÃO TÉRMICA. Considerando uma distribuição uniforme e um valor r, ambos entre 0 e 1, a probabilidade de $r \in [a; b]$ é simplesmente $b - a$. Tendo isto em mente, pode-se definir dois valores a e b que delimitam as instâncias de SENSAÇÃO TÉRMICA: se $f < a$, temos a instância 1; se $a \leq f < b$, temos a instância 2; por fim, se $f \geq b$, temos a instância 3. A segunda instância, obviamente, é AGRADÁVEL, mas as outras duas dependem de como a função será implementada.

Para o exemplo, a função f será proporcional à temperatura no interior do auditório, o que implica em ela ser proporcional à LOTAÇÃO e à TEMPERATURA EXTERNA, mas inversamente proporcional à POTÊNCIA. Assim, nossas variáveis têm as seguintes fórmulas:

$$X_1 = \frac{x - min(LOTACAO)}{max(LOTACAO) - min(LOTACAO)}$$

$$X_2 = \frac{x - min(TEMP\ EXT)}{max(TEMP\ EXT) - min(TEMP\ EXT)}$$

$$X_3 = 1 - \frac{x - min(POTENCIA)}{max(POTENCIA) - min(POTENCIA)}$$

Para os pesos, será adotada a configuração de 1 para a LOTAÇÃO e 2 para as demais, enquanto que os limites para a *discretização* da variável de saída serão *[0,4 ; 0,6]*. Tal limite se refere às divisões entre as instâncias da sensação térmica, i.e., AGRADÁVEL localizar-se-á entre os valores 0,4, inclusive, e 0,6, exclusive, e assim por diante.O código que reúne esses procedimentos para a geração do banco de dados está a seguir:

```
//Parâmetros para os valores de cada variável
config = tlist(["setup" "lot" "tempExt" "pot" "sensTerm"],...
                [5  200],[10  40],[2  5],["frio" "agradavel"
"quente"])

R=rand(100,3)//geração aleatória de 100 obs de cada variável de
entrada
w=[1;2;2] //pesos da função para SENSAÇÃO TÉRMICA, f
R(:,4) = [R(:,1:2) 1-R(:,3)]*w/sum(w) //saida da função f

for i=1:3 //3 variáveis de entrada
```

```
    //operação inversa da normalização, a fim de escrever em um
arquivo dados nas unidades originais
    //dados transformados em string, para agrupar em uma única
matriz
                                        data(:,i)              =
string(R(:,i)*(config(i+1)(2)-config(i+1)(1))+config(i+1)(1))
end
data(:,1)=string(round(evstr(data(:,1))))
lim = [0.4 0.6] //limites para discretização de SENSAÇÃO TÉRMICA

s = list(R(:,4)<lim(1),...//Valores da função f equivalentes a
frio
        [R(:,4)>=lim(1) & R(:,4)<lim(2)],...//Valores da função
f equivalentes a agradável
            R(:,4)>=lim(2))//Valores da função f equivalentes a
quente

for i=1:3 //3 instâncias de SENSAÇÃO TÉRMICA
    data(s(i),4)=config.senrTerm(i)//atribuição de instâncias
para a saída de f
end
//Escreve os dados em um arquivo csv
csvWrite(data,"Dados Conforto Térmico.csv")
```

A saída deste código é um arquivo *.csv* que simula 100 observações das quatro variáveis explicadas acima. Esse arquivo será importado para o ambiente com o uso de `csvRead`, atentando à configuração do atributo *conversion* (quarto argumento de entrada da função) como "*string*".

Após a importação, os dados deverão ser transformados de acordo com a necessidade do problema.

5.2 Análise I: Independência das variáveis e Regressão Linear

É interessante saber se as variáveis de entrada do problema (lotação do recinto, temperatura externa e potência do aparelho de ar-condicionado) são de alguma forma dependentes. Como conhecemos a forma como esses dados foram gerados, sabemos que não há qualquer dependência entre eles; porém, se os dados tivessem sido coletados de fato, seria necessário avaliar de antemão se as variáveis são, realmente, independentes. O código a seguir executa a análise de *correlação* dos dados de entrada:

```
//Carregamento dos dados

//Argumento "string" lê números e caracteres como caracteres.
Usado para evitar Nan

data=csvRead("Dados Conforto Térmico.csv",[],[],"string")
//evstr transforma os dados para o tipo numérico novamente

varEnt = tlist(["argin" "lot" "tempExt" "pot"],...

evstr(data(:,1)),evstr(data(:,2)),evstr(data(:,3)))

for i=1:3
    for j=1:3

        //Correlação entre os dados originais
        autocorr(i,j)=correl(varEnt(i+1),varEnt(j+1))
    end
end
aux = ["LOT" "TEMPEXT" "POT"]
```

```
autocorr=[" " aux;[aux' string(autocorr)]]
disp(autocorr,"Correlação entre as variáveis de entrada LOT,
TEMPEXT e POT: ")
clear autocorr

for i=1:3
    for j=1:3

        //Correlação entre os dados que renderam uma sensação
agradavel

autocorr(i,j)=correl(varEnt(i+1)(data(:,4)=="agradavel"),...
        varEnt(j+1)(data(:,4)=="agradavel"))
    end
end

//Ajuste para melhor exibição dos dados
autocorr=[" " aux;[aux' string(autocorr)]]
disp(autocorr,"Correlação entre as variáveis de entrada LOT,
TEMPEXT e POT para a sensação AGRADAVEL: ")
```

        Correlação entre as variáveis de entrada LOT, TEMPEXT e
POT:

!	LOT	TEMPEXT	POT	!
!				!
!LOT	1	0.0643598	-0.0388463	!
!				!
!TEMPEXT	0.0643598	1	-0.1833975	!
!				!
!POT	-0.0388463	-0.1833975	1	!

Correlação entre as variáveis de entrada LOT, TEMPEXT e POT para a sensação AGRADAVEL:

!	LOT	TEMPEXT	POT	!
!				!
!LOT	1	-0.0841676	0.3068529	!
!				!
!TEMPEXT	-0.0841676	1	0.7522907	!
!				!
!POT	0.3068529	0.7522907	1	!

Vê-se uma considerável correlação entre a temperatura externa e a potência do aparelho de ar-condicionado quando os dados são selecionados pela sensação térmica *agradável*, o que pode ser traduzido como **PARA uma sensação térmica *agradável*, a potência precisa ser *diretamente proporcional* à temperatura externa**. Vemos também uma relação fraca entre potência e lotação; os pesos atribuídos na geração dos dados influenciaram esta relação? Faça o teste alterando o peso da variável lotação.

O mesmo procedimento pode ser usado para avaliar os outros dois estados de sensação térmica, apenas substituindo `(data(:,4)=="agradavel"))` por `(data(:,4)=="_sensação_"))`. Analise esses resultados, podendo alterar também os pesos de geração dos dados; note que os números exibidos acima são únicos, já que a geração dos dados é aleatória. O conhecimento extraído dessa análise básica pode embasar uma decisão de, por exemplo, se investir em um sistema de controle que seja mais preciso na medição da temperatura ambiente e no ajuste da temperatura no interior do recinto.

Para se visualizar a relação obtida acima, pode-se lançar mão do uso de um *gráfico*, já introduzido em outro capítulo. O comando básico para bidimensionais é `plot`, e a adição de outras funções para manipulação de eixos, legendas, etc. deixa a exibição muito versátil. O código a seguir mostra o uso de quatro desses comandos adicionais:

```
M=[varEnt.tempExt(data(:,4)=="agradavel") ...
   varEnt.pot(data(:,4)=="agradavel")]

plot(M(:,1),M(:,2),'or')//plotagem na forma de circulos (o)
vermelhos (r)

title("Relação entre Temperatura Externa e Potência")//titulo do
grafico
xlabel("Temperatura (°C)")//legenda no eixo horizontal
ylabel("Potência (kW)")//legenda no eixo vertical
replot([9 1.5 41 5.5])//redimensionamento dos limites dos eixos
```

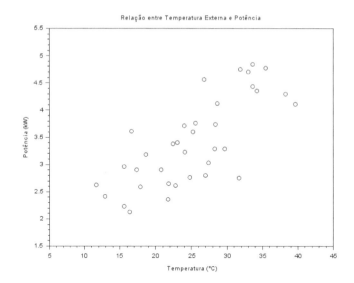

É evidente a grande dispersão dos dados, mas, caso fosse necessário um trabalho de previsão de potência em função linear exclusiva da temperatura externa (para prever gastos com energia elétrica, por exemplo), como estimar esta função e uma margem para seu resultado?

A solução é realizar uma *regressão linear*, e utilizar alguma medida para estimar um intervalo para o valor previsto para a função. Note que não será realizado nenhum teste estatístico para intervalos de confiança (teste de hipótese), por se tratar este material de uma explanação básica sobre análise estatística. Será utilizada como faixa de valores o desvio absoluto médio entre os dados e a reta de ajuste:

```
// Matriz com os dados de potência e temperatura
M=[varEnt.tempExt(data(:,4)=="agradavel") ...
   varEnt.pot(data(:,4)=="agradavel")]
scf(0)//Cria uma nova janela de gráfico
plot(M(:,1),M(:,2),'or')//plotagem na cor vermelha, com círculos

title("Relação entre Temperatura Externa e Potência")//título do
gráfico
xlabel("Temperatura (°C)")//legenda no eixo horizontal
ylabel("Potência (kW)")//legenda no eixo vertical
replot([10 1.5 41 5.5])//redimensionamento dos limites dos eixos

// ordenação da matriz pela primeira coluna ('lr') em ordem
crescente ('i')
M=gsort(M,"lr","i")
// [a,b] = reglin(x,y) ajusta y por uma equação a.x+b
[a,b]=reglin(M(:,1)',M(:,2)')

dev=M(:,2)-a*M(:,1)-b // desvio entre os pontos e a reta de
ajuste

rang=mean(abs(dev)) // desvio absoluto médio

plot(M(:,1),a*M(:,1)+b,'b') // plotagem da reta de ajuste, em
azul
// vetor criado para plotar as barras de erro
t=linspace(min(M(:,1)),max(M(:,1)),100)
// plotagem das barras de erro.
//errplot(x,y,d1,d2) plota barras de erro d1 acima e d2 abaixo
de y
//x, y, d1 e d2 têm a mesma dimensão
errbar(t,a*t+b,rang*(ones(1,100)),rang*(ones(1,100)))
```

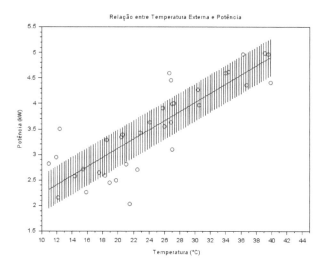

Plotagem de uma regressão linear com barras de erro. Os dados são diferentes dos exibidos anteriormente.

As barras de erro indicam quais dados são abrangidos pela margem sugerida e permitem avaliar, de forma visual, a qualidade desse ajuste.

O comando de plotagem usado, `plot`, abrange diversas possibilidades de cores, linhas e formas para o gráfico; a tabela a seguir mostra essas possibilidades, lembrando que os sinais mostrados devem ser colocados depois dos dados a serem plotados e entre aspas:

Especificador	Estilo de Linha

-	linha sólida (padrão)
--	linha tracejada
:	linha pontilhada
-.	linha tracejada-pontilhada

Especificador	Estilo de Linha
r	vermelho
g	verde
b	azul
c	ciano
m	magenta
y	amarelo
k	preto
w	branco

Especificador	Estilo de Linha

+	sinal de mais
o	círculo
*	asterisco
.	ponto
x	cruz
'square' ou 's'	quadrado
'diamond' ou 'd'	rombo (ou diamante)
∧	triângulo para cima
v	triângulo para baixo
>	triângulo para a direita
<	triângulo para a esquerda
'pentagram'	estrela de cinco pontas (pentagrama)
'none'	nenhum marcador (padrão)

5.3 Análise II: Teste de Normalidade. Plotagem 3D

A distribuição normal é de suma importância em Análise Estatística, pois descreve dados em que a maior probabilidade de ocorrência é a da média da amostra, embasando a boa representatividade dos dados por esta. Apesar de existirem diversos métodos analíticos de teste de normalidade, o mais rápido e acessível é a *inspeção visual* das frequências. Este método consiste em dividir a amostra em classes e verificar se a forma do histograma se aproxima de uma curva normal. A equação para a frequência (no caso de uma amostra discreta) ou densidade de probabilidade de ocorrência (variável contínua) de uma distribuição normal é a *equação de Gauss*:

$$f(x) = \frac{1}{\sigma\sqrt{2\pi}} exp\left(-\frac{1}{2}\left(\frac{x-\mu}{\sigma}\right)^2\right)$$

Para estimar o número de classes ideal k de uma amostra de tamanho N, será usada a seguinte relação:

$$k = 1 + 3,33.log_{10}N$$

EXERCÍCIO 5.1

Verifique se a soma do lançamento de dois dados de seis lados segue uma distribuição normal (ou seja, se existe um resultado mais provável e este resultado é a média da amostra).

SOLUÇÃO:

Serão considerados 1000 lançamentos de dados:

```
lados=6
d=2 //número de dados
lanc=1000
for i=1:lanc

    //sample: escolhe d elementos dos vetor 1:lados, com
substituição

    //a substituição garante que seja possível obter números
repetidos
    S(i)=sum(sample(d,1:lados))
end

k = round(1+3.33*log10(lanc))//número de classes
//plotagem de histograma com k classes
histplot(k,S,style=13)//style pode variar de 0 a 32

sig = stdev(S)//desvio padrão
med = mean(S)//média
x=linspace(min(S),max(S),100)//vetor para plotar curva de Gauss
f=1/(sig*sqrt(2*pi))*exp(-1/2*((x-med)/sig).^2)//função    de
```

```
Gauss
plot(x,f)
```

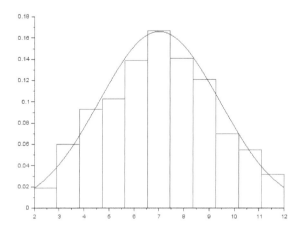

Por inspeção visual, vê-se claramente que os dados seguem, sim, uma distribuição normal.

***

Imagine que, por meio de experimentos, foi verificado que o consumo urbano de uma automóvel varia em função do peso do mesmo e da velocidade da seguinte forma:

$$c(W, v) = 15,5 + 5.[1 + sen(v/6)] - 6.10^{-3}.e^{(-8.10^{-3}.W)}$$

No Scilab, é possível plotar uma curva tridimensional com o uso da função `param3d`, que tem como entrada os dois vetores-domínio e o vetor-imagem. Como no `plot`, todos os argumentos de entrada têm de ter a mesma dimensão:

```
v=linspace(0,180,100) //Velocidade
w=linspace(800,1200,100) // Peso
c=15.5+5*(1+sin(1/6*v))-6e3*exp(-8e-3*w) //Função de consumo
param3d(v,w,c) // Plotagem de curva 3D
fig=gca(); //Função para manipulação de eixos do gráfico
//Adiciona nome do eixo e uma caixa em volta do nome
fig.x_label.text="Velocidade";fig.x_label.fill_mode="on"
fig.y_label.text="Peso";fig.y_label.fill_mode="on"
fig.z_label.text="Consumo";fig.z_label.fill_mode="on"
//Escala ajustada para visualização dos eixos como um cubo
fig.cube_scaling="on"
//Rotação dos eixos
fig.rotation_angles = [77 -72]
//Alteração das cores
fig.hidden_axis_color = 12
fig.hiddencolor = 4
fig.foreground=10
//Tipo da linha
fig.line_style = 3

disp(fig)//Exibição de todas as propriedades dos eixos
```

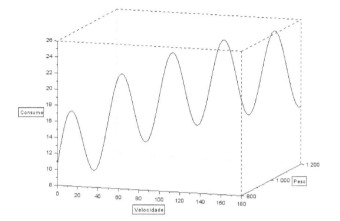

Handle of type "Axes" with properties:

=======================================

parent: Figure

children: "Polyline"

visible = "on"

axes_visible = ["on","on","on"]

axes_reverse = ["off","off","off"]

grid = [-1,-1,-1]

grid_position = "background"

grid_thickness = [1,1,1]

grid_style = [3,3,3]

x_location = "bottom"

```
y_location = "left"

title: "Label"

x_label: "Label"

y_label: "Label"

z_label: "Label"

auto_ticks = ["on","on","on"]

x_ticks.locations = matrix 10x1

y_ticks.locations = [800;1000;1200]

z_ticks.locations = matrix 10x1

x_ticks.labels = matrix 10x1

y_ticks.labels = ["800";"1 000";"1 200"]

z_ticks.labels = matrix 10x1

ticks_format = ["","",""]

ticks_st = [1,1,1;0,0,0]

box = "on"

filled = "on"

sub_ticks = [1,1,1]

font_style = 6

font_size = 1

font_color = -1

fractional_font = "off"


isoview = "off"
```

```
cube_scaling = "on"

view = "3d"

rotation_angles = [77,-72]

log_flags = "nnn"

tight_limits = ["off","off","off"]

data_bounds = [0,800,9.4304791;180,1200,24.916719]

zoom_box = []

margins = [0.125,0.125,0.125,0.125]

auto_margins = "on"

axes_bounds = [0,0,1,1]


auto_clear = "off"

auto_scale = "on"


hidden_axis_color = 12

hiddencolor = 4

line_mode = "on"

line_style = 3

thickness = 1

mark_mode = "off"

mark_style = 0

mark_size_unit = "tabulated"

mark_size = 0
```

```
mark_foreground = -1

mark_background = -2

foreground = 10

background = -2

arc_drawing_method = "lines"

clip_state = "off"

clip_box = []

user_data = []

tag = ""
```

Observe que a função `gca()` retorna uma variável similar a uma estrutura de dados, que tem seus campos acessados com o uso do ponto final. No *prompt*, pode-se explorar todas as propriedades da variável `fig`; como exercício, modifique alguns valores e observe as mudanças na figura (para ter um acesso mais amigável à modificação das propriedades, vá em **Editar >> Propriedade dos eixos**, no menu da janela de gráfico). Também é interessante perceber que os rótulos dos eixos (*x_label*, *y_label* e *z_label*) também são estruturas de dados, tendo seus prórpios campos; digite `fig.y_label` no prompt e veja todos os seus campos.

A curva paramétrica mostrada é uma função do tipo $z[i] = f(x[i],y[i])$, onde i varia de 1 ao número de pontos da amostra. Porém, como representar o valor de, por exemplo, $f(x[23],y[35])$? Esse tipo de função é representada por um gráfico do tipo *superfície*, construído no Scilab com a função `surf`:

```
v=linspace(0,180,100) //Velocidade
w=linspace(800,1200,100) // Peso
[x,y]=meshgrid(v,w)//cria a malha no plano (x,y)
c=15.5+5*(1+sin(1/6*x))-6e3*exp(-8e-3*y) //Função de consumo
surf(x,y,c)
fig=gca(); //Função para manipulação de eixos do gráfico
//Adiciona nome do eixo e uma caixa em volta do nome
fig.x_label.text="Velocidade";fig.x_label.fill_mode="on"
fig.y_label.text="Peso";fig.y_label.fill_mode="on"
fig.x_label.text="Consumo";fig.z_label.fill_mode="on"
//Escala ajustada para visualização dos eixos como um cubo
fig.cube_scaling="on"
//Rotação dos eixos
fig.rotation_angles = [55 130]
//Alteração das cores
fig.hidden_axis_color = 12
fig.hiddencolor = 4
fig.foreground=9
//Tipo da linha
fig.line_style = 3
```

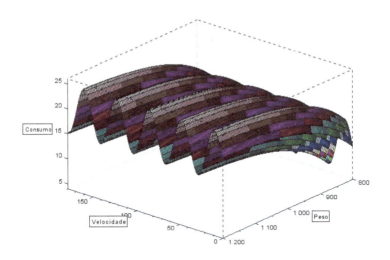

Outra função, similar a `surf`, pode ser usada para gerar um formato de malha na área do gráfico: `mesh`. Sua aplicação é idêntica, mas a exibição padrão não conta com cores.

***

Para condensar os conceitos apresentados até aqui, considere a tabela do link Clima Madrid 2015. Primeiramente, vamos tratar os dados para melhor visualização dos mesmos:

```
//Carregamento dos dados

clima_Madrid = csvRead("clima Madrid 2015.csv",[],[],"string")

//Leitura da primeira linha, que contém os nomes dos campos
campos = clima_Madrid(1,:)

//Transformação para dados numéricos
dados(:,1:$)=evstr(clima_Madrid(2:$,:))


//Plotagem

//Função SUBPLOT: subplot(RCI), enxerga a área de plotagem como
uma matriz

//R: número de linhas da matriz de plotagem, fixo

//C: número de colunas da matriz de plotagem, fixo

//I: Posição em que o gráfico subsequente será plotado, variando
de 1 ao produto R*C



//nº dos campos (colunas) da variável DADOS para os eixos x e y,
respectivamente
camp_Plot=[1 2]
subplot(321)
plot(dados(:,camp_Plot(1)),dados(:,camp_Plot(2)),':')
xlabel(campos(camp_Plot(1)))
ylabel(campos(camp_Plot(2)))


//nº dos campos (colunas) da variável DADOS para os eixos x e y,
respectivamente
camp_Plot=[3 2]
subplot(322)
plot((dados(:,camp_Plot(1))),...
     (dados(:,camp_Plot(2))),...
     '+')
xlabel(campos(camp_Plot(1)))
ylabel(campos(camp_Plot(2)))
```

```
//Histograma wind speed
//número de classes e da coluna de dados a ser plotada,
respectivamente
camp_Plot=[10 6]
subplot(323)
histplot(camp_Plot(1),dados(:,camp_Plot(2)),style=14)
xlabel(campos(camp_Plot(2)))

camp_Plot=[1 3]
subplot(324)
plot(dados(:,camp_Plot(1)),dados(:,camp_Plot(2)),':')
xlabel(campos(camp_Plot(1)))
ylabel(campos(camp_Plot(2)))

//Histograma Sea Level Pressure
//número de classes e da coluna de dados a ser plotada,
respectivamente
camp_Plot=[10 4]
subplot(325)
histplot(camp_Plot(1),dados(:,camp_Plot(2)),style=21)
xlabel(campos(camp_Plot(2)))


/Histograma Visibility
//número de classes e da coluna de dados a ser plotada,
respectivamente
camp_Plot=[6 5]
subplot(326)
histplot(camp_Plot(1),dados(:,camp_Plot(2)),style=21)
xlabel(campos(camp_Plot(2)))

disp(["Campo "+string(1:size(campos)(2))+": "+campos]')


!Campo 1: Dia                         !

!                                     !

!Campo 2: Mean Temperature degC       !
```

!   !

!Campo 3: Mean Humidity   !

!   !

!Campo 4: Mean Sea Level PressurehPa   !

!   !

!Campo 5: Mean Visibility km   !

!   !

!Campo 6: Mean Wind Speed kmph   !

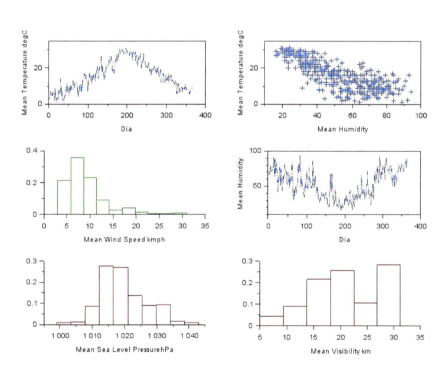

Destacam-se nos gráficos acima as formas da *temperatura média* e da *velocidade média do vento*, que indicam alguma relação não aleatória com o dia do ano. Para esta última, vamos responder à seguinte questão: "em quantos dias do ano a velocidade média do vento ficará entre os valores v_1 e v_2?".

Em primeiro lugar, é necessário estimar uma *distribuição de frequências acumuladas* para a velocidade do vento, que nos dirá qual a probabilidade de ocorrer uma média de velocidade abaixo de um determinado valor. Isso é feito no código a seguir:

```
clima_Madrid = csvRead("clima Madrid 2015.csv",[],[],"string")

//Média de velocidade do vento
y=evstr(clima_Madrid(2:$,6))

//vetor de busca para freq acumulada
x = [linspace(min(y),max(y),25)]'

//Freq acumulada de y
for i=1:length(x)
    F(i)=sum(y<x(i))/length(y)
end
```

Definimos acima um vetor de x de valores tais que $x \in [max(y) ; min(y)]$ e encontramos quantas ocorrência existem em y tais que sejam menores que um valor de x. O gráfico abaixo mostra os valores de F:

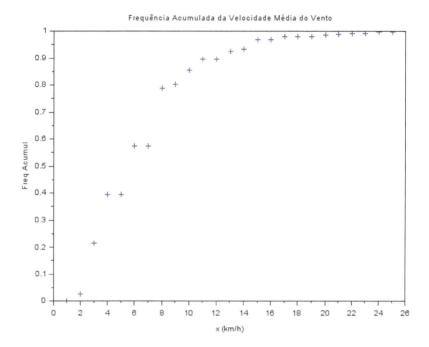

Frequência Acumulada da Velocidade Média do Vento

É razoável supor que F segue uma função da forma $1 - A.e^{bx}$; com alguma manipulação matemática, chega-se à forma $ln(1 - F) = b.x + ln(A)$, que é uma simples equação de reta. Portanto, é possível determinar a equação de F por meio de uma regressão linear simples:

```
//Regressão linear entre x e ln(1-F)
//Eq: 1-F = exp(a.x + b) -->
// F = 1 - exp(b).exp(a.x)

//Função reglin usa vetores-linhas
[a,b] = reglin(x',log(1-F)')
```

```
subplot(211)
//Dados reais
plot(x,log(1-F),'+')
//Reta ajustada
plot(x,a*x+b,'r')
title("Reg Lin entre x e ln"+" "+"(1-F)")
xlabel("x (km/h)")
ylabel("ln"+" "+"(1-F)")

subplot(212)
//Função ajustada
plot(x,1-exp(b) * exp(a*x),'r')
//Dados reais
plot(x,F,'+')
title("Freq Acum Real e Ajustada")
xlabel("x (km/h)")
ylabel("Frequência Acumulada")
```

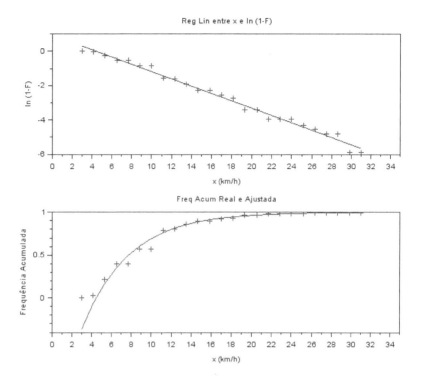

Como se supunha, os dados estão bem ajustados pela hipótese. De posse dos coeficientes da distribuição de frequência acumulada, a pergunta inicial sobre a ocorrência de um certo intervalo de velocidades médias pode ser respondida com a seguinte relação: *a probabilidade de ocorrência da variável X no intervalo* [a ; b] *é a diferença* $F_X(b) - F_X(a)$, *onde F é a frequência acumulada.* Para os dados em questão, a função F é:

$$F(x) = 1 - 2,584 \cdot \exp(-0,213 \cdot x)$$

Por exemplo, velocidades entre 15 e 20 km/h ocorreriam provavelmente em 25 dias do ano.

A fim de melhor visualizar os dados de velocidade média do vento, considere o gráfico abaixo, que plota uma distribuição mensal de algumas medidas estatísticas da variável:

```
//Média de velocidade do vento
y=evstr(clima_Madrid(2:$,6))

//Nº de dias de cada mês
for i=1:12
    //Função calendar(ano,mês): retorna uma lista
    //Terceiro elemento dessa lista é a distribuição semanal dos
dias
    D(i) = max(calendar(2015,i)(3))
end
//d: variável contendo os dias de inicio e fim de cada mês
d(1)=0
d = [d;cumsum(D)]

for i=1:12
    LI = d(i)+1//dia de inicio do mês i
    LS = d(i+1)//dia de término do mês i
    miVel(i)=mean(y(LI:LS)) //média de vel do mês i
    sigVel(i)=stdev(y(LI:LS)) //desvio-padrão de vel do mês i
    medVel(i)=median(y(LI:LS))//mediana de vel do mês i
end

bar(miVel,"yellow")//gráfico de barras
plot(sigVel,'k')
plot(sigVel,'k+')
plot(medVel,'r--')
```

```
plot(medVel,'r.')
plot(0:13,mean(y)*ones(1,14))

//legenda do gráfico, em ordem de plotagem
legend(["Média";"Desvio-padrão";"Desvio-padrão";"Mediana";"Media
na";"Média Anual"])
xlabel("Mês")
title("Média, mediana e desvio padrão da velocidade média do
vento")
```

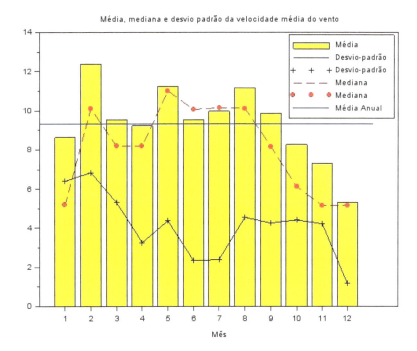

Diversas conclusões úteis podem ser extraídas desta análise, como, e.g., que junho, julho e dezembro são os meses mais uniformes em termos de velocidade do vento, ou que, na maior parte do ano, os ventos são mais fortes que a média. Seria interessantes visualizar quantos dias em cada mês haverá ventos nesta faixa, para nortear ações que necessitem da ocorrência de ventos mais fortes (geração eólica, por exemplo) ou evitar as que não aceitem tal fenômeno (como lançamento de foguetes). O código a seguir executa a análise que foi feita a nível anual, para encontrar a distribuição de frequência acumulada, para cada mês:

```
clima_Madrid = csvRead("clima Madrid 2015.csv",[],[],"string")

//Média de velocidade do vento
V=evstr(clima_Madrid(2:$,6))

//N° de dias de cada mês
for i=1:12
    //Função calendar(ano,mês): retorna uma lista
    //Terceiro elemento dessa lista é a distribuição semanal dos dias
    D(i) = max(calendar(2015,i)(3))
end
//d: variável contendo os dias de início e fim de cada mês
d(1)=0
d = [d;cumsum(D)]

for i=1:12
    //Dados de vento do mês
    y=V(d(i)+1:d(i+1))
    //vetor de busca para freq acumulada
    x = [linspace(min(y),max(y),10)]'

    //Freq acumulada de y
    for j=1:length(x)
        F(j)=sum(y<x(j))/length(y)
    end
```

```
    //Regressão linear entre x e ln(1-F)
    //Eq: 1-F = exp(a.x + b) -->
    // F = 1 - C2.exp(C1.x)
    [C1(i),b] = reglin(x',log(1-F)')
    C2(i)=exp(b)
end
//Probabilidades para 15 e 20 km/h
F15 = 1-C2.*exp(C1*15)
F20 = 1-C2.*exp(C1*20)

//Dias de provável ocorrência da faixa de velocidades
ocor = round((F20-F15).*D)
bar(ocor,"yellow")
xlabel("Mês")
ylabel("Dias de Vento entre 15 e 20 km/h")
head = ["Mês" "C1" "C2"]
dados_Exib = string([[1:12]' C1 C2])
disp([head;dados_Exib],"Coeficientes de F: ")
disp("F(x) = 1 - C2*exp(C1*x)")
```

```
        Coeficientes de F:


        !Mês   C1             C2          !

        !                                 !

        !1     -0.1148289  0.9256006   !

        !                                 !

        !2     -0.1391062  2.0353317   !

        !                                 !

        !3     -0.1425741  1.2343331   !

        !                                 !
```

```
!4    -0.2636001   3.5093429   !

!                                !

!5    -0.2213464   4.7649341   !

!                                !

!6    -0.4020914   14.946236   !

!                                !

!7    -0.403469    18.341490   !

!                                !

!8    -0.1874250   2.7603471   !

!                                !

!9    -0.2096660   2.8589654   !

!                                !

!10   -0.1783453   1.5517680   !

!                                !

!11   -0.1783159   1.3193896   !

!                                !

!12   -0.7525146   16.313502   !
```

F(x) = 1 - C2*exp(C1*x)

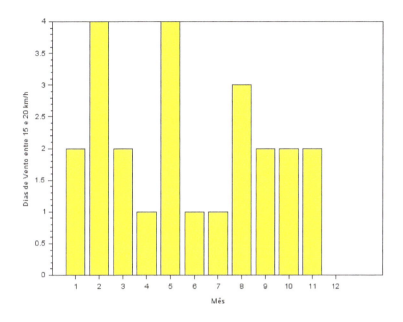

Vemos que os meses com maior número de dias de vento forte são fevereiro e maio, com prováveis 4 dias, e agosto, com três. Dezembro, por outro lado, provavelmente não terá dias com essa faixa de velocidades de vento.

O próximo capítulo trará um modo de automatizar as operações vistas até aqui, não só deste capítulo, mas do livro todo. Por exemplo, será possível escrever um *função* que permita ao usuário entrar com qualquer valor de velocidade e já obter um gráfico de distribuição mensal de ocorrências.

Para finalizar, lembre-se que a análise procedida aqui é extremamente simples, na medida em que há muito mais rigor matemático para uma análise estatística profissional, com o fito de embasar resultados de pesquisas científicas, análises e metanálises.

EXERCÍCIO 5.2

Considere os dados constantes no link NOTAS DO EXAME, que trazem 300 amostras de notas de exames em Matemática, Leitura e Escrita, conforme consta na aba "METADADOS".

a) Existe correlação linear entre as notas de leitura e escrita e entre as notas de leitura e matemática?

b) O gênero influencia significativamente nas notas?

c) Qual variável tem mais influência nas notas, *fazer um curso preparatório* ou *ter pais com maior nível de escolaridade*?

SOLUÇÃO:

```
score = csvRead("notas exame.csv",[],[],"string")
campos = score(1,:)
gender = score(2:$,1)
dados(:,1:$)=evstr(score(2:$,2:$))

esc_pais = dados(:,1)
curso = dados(:,2)
nota_mat = dados(:,3)
nota_lei = dados(:,4)
nota_esc = dados(:,5)

//relação leitura x escrita
[a,b,sig1] = reglin(nota_lei',nota_esc')

M_cov = cov(nota_lei,nota_esc)
R = M_cov(1,2)/sqrt(prod(diag(M_cov)))

scf(0)
plot(nota_lei,nota_esc,'.')
t = linspace(min(nota_lei),max(nota_lei),100)
plot(t,a*t+b,'r')
legend(["Dados Reais";...
        "R = "+string(R)],...
        2)
title("Leitura x Escrita")
xlabel("Nota em Leitura")
ylabel("Nota em Escrita")

//relação leitura x matemática
[c,d,sig2] = reglin(nota_lei',nota_mat')

M_cov = cov(nota_lei,nota_mat)
R = M_cov(1,2)/sqrt(prod(diag(M_cov)))

scf(1)
plot(nota_lei,nota_mat,'.')
t = linspace(min(nota_lei),max(nota_lei),100)
plot(t,c*t+d,'r')
legend(["Dados Reais";...
        "R = "+string(R)],...
        2)
```

```
title("Leitura x Matemática")
xlabel("Nota em Leitura")
ylabel("Nota em Matemática")

//Avaliação dos gêneros

f = gender == "F"
m=(1-f)==1

for i=1:3
    F(i)=median(dados(f,i+2))
    M(i)=median(dados(m,i+2))
    G(i)=median(dados(:,i+2))
end

disp(100*(F-G)./G,"Mulheres em relação à mediana em MAT, LEI e
ESC (%): ")
disp(100*(M-G)./G,"Homens em relação à mediana em MAT, LEI e ESC
(%): ")

// Influência de escolaridade dos pais x curso

niv_Esc = unique(esc_pais) //Níveis de escolaridade
curs_Prep = unique(curso) //0 ou 1, para ter realizado o curso
ou não
nota = (nota_mat+nota_lei+nota_esc)/3
nota_med = mean(nota)

for i = 1:length(niv_Esc)
    // seleção dos indivíduos cujos pais tem a escolaridade
niv_Esc(i)
    sel = esc_pais == niv_Esc(i)
    //Nota média relativa à escolaridade
    nota_Esc(i) = mean(nota(sel))
end

for i = 1:length(curs_Prep)
    // seleção dos indivíduos por terem o curso ou não
    sel = curso == curs_Prep(i)
    //Nota média
    nota_Curs(i) = mean(nota(sel))
```

```
end

//aumento de nota por aumento de 1 grau de escolaridade
aum_Esc = mean(cumsum(diff(nota_Esc))./[1:5]')
//aumento devido à realização do curso
aum_Curs = diff(nota_Curs)


disp(round(aum_Curs/aum_Esc),...
    " ",...
    "Número de níveis de escolaridade dos pais para que se
obtenha o aumento de nota de fazer um curso preparatório: ")
```

        Mulheres em relação à mediana em MAT, LEI e ESC (%):

        0.

        4.2857143

        7.2463768

        Homens em relação à mediana em MAT, LEI e ESC (%):

        3.0769231

        -5.7142857

        -5.7971014

        Número de níveis de escolaridade dos pais para que se
obtenha o aumento de nota de fazer um curso preparatório:

5.

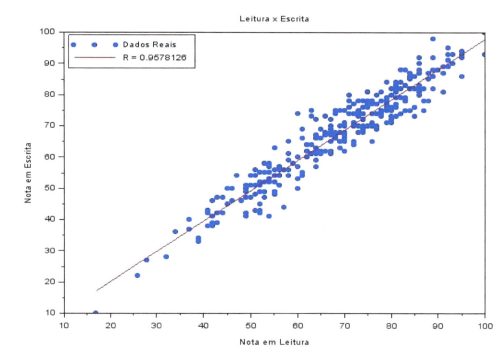

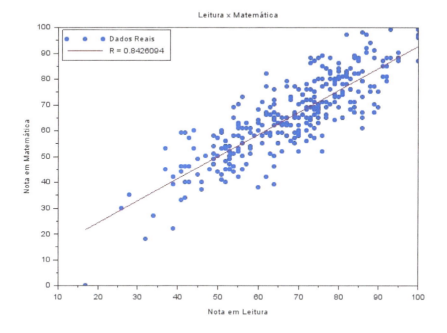

Os gráficos exibidos pelo código mostram os dados reais e a reta de ajuste da regressão. Tradicionalmente, coeficientes de correlação de Pearson acima de 0,90 indicam fortíssima correlação linear, e é o que ocorre entre as variáveis *nota de leitura* e *nota de escrita*; esse resultado é o esperado pelo senso comum, somente reforçando a íntima ligação entre essas duas habilidades.

Já a correlação entre *matemática* e *leitura*, mostrada no segundo gráfico, encontra-se na faixa entre 0,70 e 0,90, o que é classificado frequentemente como uma correlação forte. Embora esse resultado não seja de todo surpreendente, não é óbvio; tal conclusão pode conduzir a ações que reforcem a importância da leitura e interpretação de texto no ensino de Matemática, por exemplo.

Quando à divisão por gênero, vê-se que não há uma preponderância significativa (acima de 5%) de um gênero em alguma habilidade, exceto que a mediana da nota em escrita das mulheres ficou pouco mais de 7% acima da mediana do grupo todo. Porém, a interpretação desse resultado é pessoal, podendo o analista considerar outro ponto de corte (10% em vez de 5%, e.g.) ou métrica (média, e.g). De uma forma geral, poderia-se dizer que não há indicativos de que haja desigualdade de desempenho dependente do gênero.

Por fim, vemos que, para cada nível a mais de escolaridade dos pais, há um aumento médio de aproximadamente 1,6 na nota (variável `aum_Esc`), ao passo que o aumento médio de nota concernente à realização de um curso preparatório (variável `aum_Curs`) é de aproximadamente 8,1; disso conclui-se que é muito mais significativo a realização de um curso preparatório. Como exercício, avalie se há níveis de escolaridade em que a influência do curso preparatório é maior ou menor.

5.4 Resumo do Capítulo

O Scilab conta com uma vasta gama de funções para o tratamento estatístico e a visualização de dados. Aliadas a um conhecimento de Estatística, já que a descrição do uso das funções no *help* do programa por vezes não é suficiente, é possível trabalhar de forma profissional com dados externos no Scilab, além de ser possível gerar dados e gráficos e exportá-los para uso em outras aplicações.

6 FUNÇÕES

Diversos dos procedimentos mostrados nesse livro são passíveis de ser aplicados a mais de um valor, como, no capítulo anterior, a definição da sensação térmica em termos da lotação, temperatura externa e potência; ou poderiam ser mais gerais, como na implementação do método da posição falsa a qualquer função definida pelo usuário. Para casos como esse, onde é possível replicar determinada parte do código de forma automatizada, existem os objetos *funções*, que serão abordados nesse capítulo.

Alguns dos problemas apresentados até aqui serão retomados com uma abordagem funcional, onde serão explicitadas as vantagens de usar este recurso.

6.1 Declaração de Funções

A forma mais básica de declarar funções no Scilab é por meio da função deff, que permite validar expressões de texto passadas como argumento de entrada. A sintaxe é:

```
deff('argSai=nomeFunc(argEnt)','argSai=expressao(argEnt)'
)
```

Como exemplo, observe o código abaixo, que plota os gráficos para três valores de desvio-padrão na curva de Gauss:

```
deff('y=bellFunc(x,mi,sig)','y=1/(sig*sqrt(2*%pi))*exp(-1/2*((x-mi)/sig).^2)')

x=linspace(-5,5,200)
y=bellFunc(x,2,0.8)
plot(x,y,'k')
y=bellFunc(x,2,1.2)
plot(x,y)
y=bellFunc(x,2,2.1)
plot(x,y,'r')

legend(["sigma = 0.8";"sigma = 1.2";"sigma = 2.1"])
```

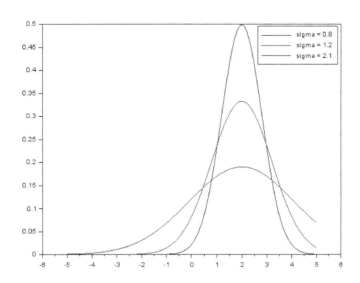

Esse formato é útil em definição de funções matemáticas diretamente e em algumas funções lógicas, como no caso de achar a média dos elementos pares de um vetor:

```
deff("m=medPar(v)","m=mean(v(modulo(v,2)==0))")

x = sample(13,1:100)//Amostra de 13 nºs entre 1 e 100
disp(x,"Vetor x: ")
disp(medPar(x),"Média dos números pares de x: ")
```

Para funções de lógica mais complexas, com usos de laços, por exemplo, a sintaxe function ... endfunction deve ser usada. Considere a função a seguir, que implementa o Método da Posição Falsa de forma genérica:

```
function x=posFals(exprFunc, a, passo)
    // a: Ponto inicial para encontrar a mudança de sinal
    // passo: Quanto menor o passo, menos iterações para a
solução
    deff("y=funcEnt(x)",exprFunc)
    x0=a // Variável para guardar o valor do ponto inicial,
usada na mensagem de erro
    // Parte I: Intervalo de mudança de sinal
    msm_Sin=%T
    N_it = 0
    while msm_Sin & N_it<1000
        b=a+passo
        fa=funcEnt(a)//a^3-sin(a)+1
        fb=funcEnt(b)//b^3-sin(b)+1
        msm_Sin=sign(fa)==sign(fb)
```

```
        a=b
        N_it=N_it+1
    end
    a=b-passo

    // Parte II: Posição Falsa
    if N_it<1000 then
        e=1e-4
        disp(e,"Precisão da resposta: ")
        fx=1
        N_it = 0
        while abs(fx)>e & N_it<1000
            x=(a*abs(fa)+b*abs(fb))/(abs(fa)+abs(fb))
            fx = funcEnt(x)//x^3-sin(x)+1
            if sign(fx)==sign(a)
                a=x
            else
                b=x
            end
            fa=funcEnt(a)//a^3-sin(a)+1
            fb=funcEnt(b)//b^3-sin(b)+1
            N_it=N_it+1
        end
        disp(N_it,"Número de iterações realizadas: ")
        disp(x,"Raiz encontrada: ",fx,"Valor do zero: ")
    else
            disp("Sem mudança de sinal a partir do ponto
especificado: a = "+string(x0))
    end
endfunction

funcao="y=exp(-0.3*x)*cos(5*x)-1";
ini=-2
res=.05
raiz = posFals(funcao,ini,res)



        Precisão da resposta:
```

```
0.0001
```

```
Número de iterações realizadas:
```

```
35.
```

```
Valor do zero:
```

```
0.0000896
```

```
Raiz encontrada:
```

```
-1.4289021
```

Perceba que a precisão não foi passada como argumento de entrada da *function* `posFals`, mas sim definida internamente; caso houvesse necessidade, bastaria declarar `function x=posFals(exprFunc,a,passo,e)` e incluir a precisão como variável de entrada. O mesmo poderia ser feito para o número máximo de iterações, definido internamente como 1000.

Outro ponto é que o número de argumentos de entrada pode ser reduzido usando um *vetor de parâmetros* como argumento:

```
function x=posFals(exprFunc, config)
    deff("y=funcEnt(x)",exprFunc)
    a=config(1)

    passo=config(2)
```

Essa prática deixa a programação mais enxuta e facilmente debugável.

Imagine agora que se queira remover *outliers* dos dados de média de vento, a fim de obter melhor aproximação da curva de probabilidade de ocorrência. O código abaixo, que faz usos de diversas funções implementadas pelo usuário, executa esta tarefa:

```
function [ySel, Q]=outLier(y)
    //ySel: elementos de y que não são outliers
    //Q: Q(1) = 1° quartil
    //   Q(2) = 3° quartil
    //   Q(3) = Distância interquartil
    //y: dados originais

    //Posição dos quartis (1 e 3)
    N=round(length(y)/4)
    //Ordenação de y
    ySort = gsort(y,'r','i')
    //1° Quartil
    Q1 = ySort(N)
    //3° Quartil
```

```
    Q3 = ySort($-N+1)
    //Distância interquartil
    IQR = Q3-Q1
    //Posição dos pontos não-outliers
    sel = y>=(Q1-1.5*IQR) & y<=(Q3+1.5*IQR)

    ySel=y(sel)
    Q = [Q1;Q3;IQR]
endfunction

function boxplot(y)
    //Plotagem boxplot
    //Considerado range de pontos entre Q1-1.5*IQR e Q3+1.5*IQR

    [ySel,Q]=outLier(y)
    Q1=Q(1)
    Q3=Q(2)
    IQR=Q(3)
    med=median(y)
    t = [1;length(y)]
    subplot(211)
    plot(y,'k+')
    plot(t,Q1*ones(t))
    plot(t,Q3*ones(t))
    plot(t,med*ones(t),':r')
    plot(t,(Q1-1.5*IQR)*ones(t),'--b')
    plot(t,(Q3+1.5*IQR)*ones(t),'--b')

    legend(["Pontos";...
            "1° Quartil";...
            "3° Quartil";...
            "Mediana";...
            "Limites de outliers"])

    subplot(212)
    plot(ySel,'k+')
    plot(t,Q1*ones(t))
    plot(t,Q3*ones(t))
    plot(t,med*ones(t),':r')
    plot(t,(Q1-1.5*IQR)*ones(t),'--b')
    plot(t,(Q3+1.5*IQR)*ones(t),'--b')
```

```
endfunction

function histograma(ySel, i)

    //Plotagem do histograma sobreposto por uma curva sino

    //ySel: dados para plotagem

    //i: nº da janela para plotagem (função scf())
    scf(i)
    h=histplot(6,ySel)//Histograma de 6 classes
    mi=mean(ySel)
    sig=stdev(ySel)

    //domínio para plotagem
    t = linspace(min(ySel),max(ySel),100)
    //Equalização de valores máximos
    x = bellFunc(t,1,mi,sig)
    //Amplitude corrigida = máximo do histograma
    A=max(h)/max(x)
    x = bellFunc(t,A,mi,sig)
    plot(t,x,'r')
endfunction

clima_Madrid = csvRead("clima Madrid 2015.csv",[],[],"string")

//Média de velocidade do vento
y=evstr(clima_Madrid(2:$,6))
//Função sino
deff('y=bellFunc(x,A,mi,sig)','y=A/(sig*sqrt(2*%pi))*exp(-1/2*((
x-mi)/sig).^2)')

scf(0)
boxplot(y)

histograma(y,1)

[ySel,Q]=outLier(y)
histograma(ySel,2)
```

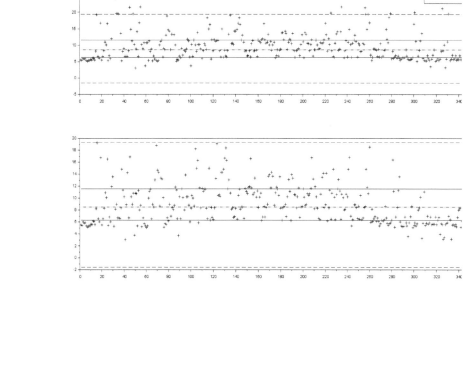

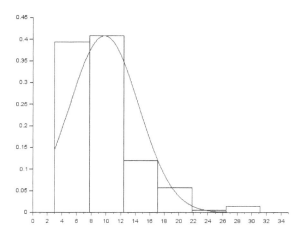

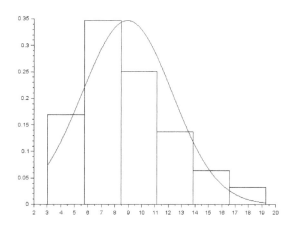

É notável que a aproximação, principalmente nos valores mais baixos, melhorou sensivelmente após a remoção dos *outliers*. Note também como o uso de funções deixa a programação mais versátil: poderia-se colocar, dentro de um laço *for*, as funções `histograma` e `boxplot`

para realizar esse procedimento para todos os campos dos dados `clima_Madrid`, por exemplo. O contador do laço iria variar de 1 ao número de colunas de dados do arquivo *"clima madrid 2015.csv"*.

EXERCÍCIO 6.1

Implemente um código que cumpra as seguintes tarefas:

a) Gere uma parábola convexa, que esboce a trajetória de um bólido em lançamento oblíquo, em função do apogeu e alcance; adicione uma parcela aleatória, simulando dados reais;

b) Calcule a velocidade inicial do bólido por meio de derivação discreta; e

c) Considerando que o ruído nos dados é advindo de uma transmissão imperfeita de dados, donde não se pode considerar o valor máximo das ordenadas como o apogeu real ou o valor máximo das abscissas como o alcance real, estime esses dois valores (apogeu e alcance reais).

A trajetória parabólica balística pode ser descrita pela seguinte equação:

$$y = K.(-x^2 + A.x)\text{, onde } A \text{ é o alcance}$$

Sendo que o apogeu ocorre no ponto $x = A/2$, $K = 4.P/A^2$, onde P é o apogeu da trajetória. Para encontrar as velocidades nos eixos x e y, aplica-se a derivada dy/dx:

$$\frac{dy}{dx} = -2K.x + KA$$

$$\frac{V_y}{V_x} = -2K.x + KA \text{ . Como } V_x = V_{o,x}:$$

$$V_y = -2KV_{0,x}.x + KAV_{0,x}$$

Vemos pela equação acima que a velocidade no eixo y varia de forma linear em relação ao deslocamento no eixo x, permitindo a aplicação de uma regressão:

$$\frac{V_y}{V_x} = m.x + b$$

$$A = \frac{-2b}{m}$$

A discretização da derivada *dy/dx* é feita pela seguinte aproximação:

$$\left(\frac{dy}{dx}\right)_{x=x_i} \approx \frac{y_{i+1} - y_i}{x_{i+1} - x_i}$$

A aceleração na direção *y* é somente a da gravidade, igual a *-g*. Derivando a equação de V_y em função de *x*, obtemos:

$$a_y = -2KV_{0,x}^2 = -g$$

$$V_{0,x} = \frac{A}{2}\sqrt{\frac{g}{2P}}$$

As relações mostradas permitem aplicar o seguinte algoritmo:

```
function [G, V]=trajAnalysis(x, y)
    //G = [Alcance;Apogeu]
    //V = [V0x;V0y]

    //x e y: vetores-colunas
    g=9.81 //m/s²
    // Discretização de dy/dx
    dy = diff(y)./diff(x)
    // Abscissa com o mesmo nº de pontos de dy
    x1=[linspace(min(x),max(x),length(x)-1)]'
    //Regressão linear: vetores-linhas
    [m,b,sig]=reglin(x1',dy')
    K = -m/2
    //Alcance pela regressão
    Ar = -2*b/m
    //Velocidade inicial
    v0x = sqrt(g/(2*K))
    v0y = K*Ar*v0x
    //Apogeu pela regressão
    Pr = K*Ar^2/4
    G=[Ar;Pr]
    V=[v0x;v0y]
endfunction
```

Note que o vetor `dy` tem um elemento a menos que os vetores de entrada `x` e `y`, por conta do uso de `diff`. Abaixo, um código para aplicação da função acima:

```
g=9.81 //m/s²
// Geração dos dados
A = 80e3 // Alcance, em m
P = 60e3 // Apogeu, em m
//Domínio
x=[linspace(0,A,150)]'
//Inserção de parcela aleatória
x_par=(x+1e3*grand(x,"nor",A/2,1))/2
```

```scilab
//Normalização para manter os limites de x e x_par iguais
x_par=(x_par-min(x_par))*A/(max(x_par)-min(x_par))
//Imagem
y=4*P/A^2*(-x_par.^2+A*x_par)

//Processamento dos dados
// Conhecidos: x e y
[G,V]=trajAnalysis(x,y)

disp(G(1)/1e3,"Alcance  provável,  em  km:  ",G(2)/1e3,"Apogeu
provável, em km: ")
disp(sqrt(V(1)^2+V(2)^2),"Magnitude  da  velocidade  inicial,  em
m/s: ")
disp(atan(V(2)/V(1))*180/%pi,"Ângulo de lançamento, em graus: ")
```

Apogeu provável, em km:

   58.834482

Alcance provável, em km:

   79.575613

Magnitude da velocidade inicial, em m/s:

   1134.1571

Ângulo de lançamento, em graus:

EXERCÍCIO 6.2

Implemente uma função de pesquisa para uma variável *struct* que receba como argumento de entrada um elemento qualquer do banco de dados e retorne todos os campos da mesma linha desse elemento. Esse problema foi citado na seção Estruturas de Dados.

SOLUÇÃO:

```
function searchSt(dados)
    //Inserção do dado a ser pesquisado
    //convstr converte a entrada em caixa alta ou baixa
    //No caso, como o banco de dados está em caixa alta,
    //usou-se a flag "u"
    elem = convstr(x_dialog("Item a ser pesquisado: ",""),"u")
    disp(elem,"Dado pesquisado: ")
    //Procura dos campos em que há o dado pesquisado
    //Campos armazenados na variável sel
    dataBase = dados
    campos=fieldnames(dataBase)
    sel=[]
    for i=1:max(size(campos))
        indiv = evstr("dataBase."+campos(i))
        for j=1:length(indiv)
            if indiv(j)==elem
                sel=[sel j]
```

```
                end
            end
        end
    if length(sel)==0 then
        disp("Dado não pertencente ao banco de dados")
    else
        for i=1:length(sel)
            for j=1:max(size(campos))

display(1,j)=evstr("dataBase."+campos(j))(sel(i))
            end
            disp(display,"Registros encontrados: ")
        end
    end
endfunction

//Carregamento e exibição do banco de dados
banco = csvRead("dados funcionarios.csv",[],[],"string")
disp(banco,"Banco de Dados: ")
disp(" ")

//Transformação do banco de dados em célula
dados = num2cell(banco)
//campos da lista nomeada
campos =["nome" "idade" "cargo" "salario"]
//Montagem da variável struct dadosNom
argEnt="campos(1),dados{:,1}"
for i=2:size(campos)(2)
                                        argEnt        =
argEnt+",campos("+string(i)+"),dados{:,"+string(i)+"}"
end
argEnt="struct("+argEnt+")"

dadosNom=evstr(argEnt)

clear dados argEnt i campos banco
//Função de pesquisa em structs
searchSt(dadosNom)
```

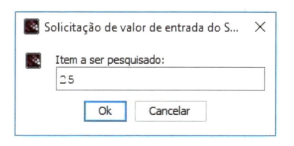

Solicitação de valor de entrada do S... ✕

Item a ser pesquisado:

25

| Ok | Cancelar |

Banco de Dados:

```
!JOÃO      32   TÉCNICO      5200    !

!                                    !

!MARIA     25   TÉCNICO      5200    !

!                                    !

!JOSÉ      28   GERENTE      6000    !

!                                    !

!CARLOS    43   DIRETOR      10000   !

!                                    !

!MARIANA   19   ESTAGIÁRIO   1200    !
```

Dado pesquisado:

25

```
Registros encontrados:


!MARIA  25  TÉCNICO  5200  !
```

6.2 Resumo do Capítulo

O uso de funções definidas pelo usuário permite maior agilidade e controle sobre o código. A sintaxe extremamente simples da declaração é mais um ponto positivo em favor da linguagem Scilab. Entretanto, é necessário que o código *dentro* da função seja testado para todas as condições, já que eventuais erros de lógica e/ou sintaxe não são debugáveis como linhas escritas fora do bloco `function … endfunction`, e podem conduzir a erros de execução e de resultados.